# Im Blickpunkt

# Sprache 4

D1618197

**Schroedel Schulbuchverlag**

# Im Blickpunkt – Sprache 4

Ein Sprachbuch für die Grundschule
4. Schuljahr

Erarbeitet von

Christl Brucher
Hans-Gerd Heinen
Uta Wallaschek
Ute Weile

Illustration:
Ingrid Mizsenko

*Im Blickpunkt – Sprache 4* ist konzipiert im Verbund mit:
*Im Blickpunkt – Lesen 4* und
*Im Blickpunkt – Heimat- und Sachunterricht 4.*

ISBN 3-507-**41196**-2

© 1994 Schroedel Schulbuchverlag GmbH, Hannover

Alle Rechte vorbehalten. Dieses Werk sowie einzelne Teile desselben sind
urheberrechtlich geschützt. Jede Verwertung in anderen als den gesetzlich
zugelassenen Fällen ist ohne vorherige schriftliche Zustimmung des Verlages
nicht zulässig.

Druck B $^{65432}$ / Jahr 1999  98  97  96  95

Alle Drucke dieser Serie B sind im Unterricht parallel verwendbar.
Die letzte Zahl bezeichnet das Jahr des Druckes.

Druck: Appl, Wemding.

Gedruckt auf Papier,
das nicht mit Chlor
gebleicht wurde.
Bei der Produktion
entstehen keine
chlorkohlenwasserstoff-
haltigen Abwässer.

# Inhaltsverzeichnis

# Gemeinsam starten

sich abholen

Jedes Kind möchte Freundinnen und Freunde haben.

sich viel erzählen

einander helfen

**1** Das Band sagt euch, wie Freundschaften entstehen können. Sprecht darüber.

zusammen Hausaufgaben machen

sich gegenseitig einladen

**2** Was möchtet ihr gern mit anderen Kindern zusammen tun? Notiert es euch.

zusammen lachen

einander oft besuchen

**3** Sprecht über eure Wünsche.

zusammen feiern

gemeinsam etwas üben

**4** Stellt euch ein Freundschaftsband für eure Klasse her.

sich fast immer gut vertragen

Vertrauen zueinander haben

**5** Ergänzt, was in dem Band noch fehlt.

*Maria und Bettina sind meine Freundinnen. Sie sind sehr nett und lachen gern. Maria kennt viele Spiele. Bettina kann ganz toll erzählen. Wir drei treffen uns oft. Wenn wir gestritten haben, vertragen wir uns schnell wieder.*

*Beate*

*Mein Freund Thomas ist weggezogen. Jetzt möchte ich einen neuen Freund haben. Er soll gern mit mir spielen und nicht gleich eingeschnappt sein, wenn ich mal einen Spaß mache.*

*Jan*

**❶** Wie wünscht ihr euch eure Freundinnen und Freunde?

**❷** Notiert in Gruppen, was ihr von Freundinnen und Freunden erwartet.
Schreibt auch, was eine Freundschaft stören kann.

| Das wünschen wir uns | Das könnte stören |
|---|---|
| – lustige Ideen haben<br>– halten, was versprochen ist<br>– . . . 🖉 | – immer nur angeben<br>– andere verpetzen<br>– . . . 🖉 |

**❸** Schreibe von deiner Freundin oder von deinem Freund. Erzähle auch, was dir an dieser Freundschaft so gut gefällt.

**❹** Beginne ein neues Bücherwurm-Heft für Texte und Bilder, Gedichte und Geschichten, Rätsel, Witze und Lieder. Gestalte die erste Seite mit Text und Bild über deine Freundin oder deinen Freund.

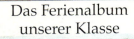
Wir waren in den Ferien in Großbritannien.

Mit einer Fähre sind wir über das Meer gekommen. Von Dover aus sind wir mit unserem
VW-Bus durch Südengland und Wales gefahren.

Am Meer waren wir auch.

In Brighton fand ich
die Riesenrutsche im
Hallenbad am schönsten.

Ferien in
Großbritannien
machen viel Spaß.

Briefmarken
aus England

Old Mac - do - nald had a farm.
And on his farm he had some chicks.
Pit hat ei - nen Bau - ern - hof.
Da lau - fen ein paar Hüh - ner rum.

E I E I O!
E I E I O!
Hei - a, hei - a, ho!
Hei - a, hei - a, ho!

Diese Wörter habe
ich gelernt:
father
mother
good morning
good evening

Tina Becker 4a

Nach den Ferien gibt es viel zu erzählen.
Die Kinder dieser Klasse haben ein gemeinsames Ferienbuch
angelegt.

**1** Wie hat Tina ihre Seite für das Album gestaltet?

**2** Plant und gestaltet ein gemeinsames Album für eure Klasse.

* Bilder, Karten, Fotos auswählen
* einen passenden Text dazu schreiben
* Wissenswertes zum Ferienort und zum Ferienland
  zusammentragen
* ein Ferienerlebnis aufschreiben
* alle Texte kontrollieren lassen
* die Albumseite schreiben und gestalten

**❶** Stellt euch ein Länder-Quartett her.
Entnehmt eure Informationen einem Lexikon.

**❷** Spielt Quartett.

**❸** Spielt mit den Karten auch das „Spiel des Wissens".
* Alle Karten werden gut gemischt und verdeckt auf einen
  Stapel gelegt.
* Das erste Kind nimmt die oberste Karte ab, zeigt sie aber
  niemandem.
* Das Kind stellt eine Wissensfrage:
  Wie heißt das englische Geld?
  Wer kennt einen Fluß in England?
  Wie heißt die Hauptstadt von Italien?
  Welche Farben hat die italienische Flagge?
  Wer zuerst die richtige Antwort weiß, bekommt die Karte und
  darf die nächste Karte ziehen.

**❹** Schreibe von einem Land. Notiere zuerst, was du von der
Quartett-Karte ablesen kannst. Füge hinzu, was du sonst noch
weißt. Achte auf die neue Lineatur.

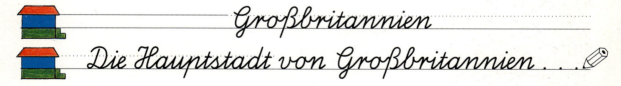

**❺** Ihr könnt euer Quartett auch erweitern.

**1** Stellt euch in der Gruppe drei Wortarten-Teller her und beschriftet sie.

**2** Sucht einige Namenwörter für Menschen und Tiere, Pflanzen und Dinge in der Wörterliste.
Schreibt sie auf Kärtchen. Die Kärtchen kommen verdeckt auf den Namenwörter-Teller.

**3** Zieht nacheinander ein Namenwort.
Sucht und schreibt dazu passende Tunwörter und Wiewörter für die anderen Wortarten-Teller. Kontrolliert die Schreibweise.

| lachen | Kind | fröhlich |
|--------|------|----------|
| rollen | Ball | rund |

Legt alle Kärtchen verdeckt auf die Teller.

**4** Jedes Kind zieht von einem Teller ein Kärtchen.
Die Kärtchen werden aufgedeckt.

| Hund | bellen | | Zwerg | | müde | Rose |
|------|--------|--|-------|--|------|------|
| | fröhlich | | alt | singen | | hüpfen |

Bildet sinnvolle Sätze.
Wörter, die überhaupt nicht passen, werden ausgetauscht.

**5** Schreibe deine Sätze.
Unterstreiche mit den Farben für die Wortarten.

*Der Hund ist fröhlich und bellt.*
*Der alte Zwerg singt.*

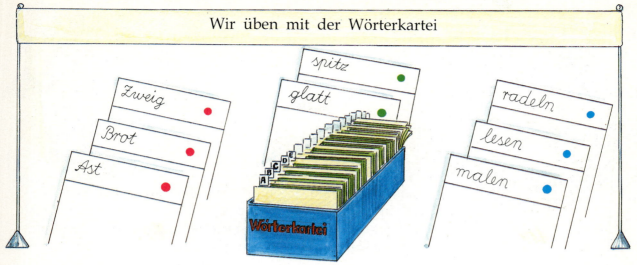

**❶** Wähle einen Buchstaben. Suche dazu ein Namenwort, ein Tunwort und ein Wiewort aus der Wörterliste heraus.

**❷** Übertrage die Wörter auf Karten für deine Wörterkartei. Verwende Farbpunkte für die Wortarten.

Namenwort ●     Tunwort ●     Wiewort ●

| Brot ● | backen ● | breit ● |

**❸** Schreibe zu jedem Stichwort zwei Sätze nach folgendem Muster.

| Brot ● | backen ● | breit ● |
|---|---|---|
| Das Brot ist lecker. Die Brote sind noch frisch. | Ich backe gern. Ich backe einen Kuchen. | Der Tisch ist breit. Wir haben einen breiten Tisch. |

**❹** Ergänze nach und nach mit weiteren Wörtern deine Kartei. Laß alle Karten kontrollieren.

**❺** Übt in Partnerarbeit mit der Wörterkartei.

    * ein Kärtchen ziehen
    * gemeinsam lesen
    * abwechselnd diktieren
    * gemeinsam kontrollieren

Ich übe mit dir.

Wir üben gemeinsam.

Ein Diktattext läßt sich zu zweit viel besser üben als allein. Versucht es einmal mit diesem Text.

Diktat üben
80 Wörter

*Das neue Fahrrad*

Michael hat in den Ferien ein neues Fahrrad bekommen. Vorsichtig schiebt er es über den Gehweg auf die Straße. Dann steigt er auf. Er blickt nach hinten, gibt das Handzeichen und fährt langsam an. Das Rad läuft ruhig und sicher. Michael freut sich. Beim Kirchplatz sieht er seinen Freund Klaus. Michael hält sofort an. Klaus bewundert das neue Fahrrad. Stolz erklärt Michael die Gangschaltung. Dann fragt er: „Willst du eine Runde drehen?" Schon sitzt Klaus im Sattel.

**❶** Lies den Text leise, langsam und genau.

**❷** Sucht zu zweit die Wörter heraus, die ihr euch besonders merken wollt. Begründet gegenseitig, warum ihr die Wörter gewählt habt.

Ich merke mir zuerst das Wort Fahrrad . Es wird groß geschrieben, weil es ein Namenwort ist. In der Mitte sind zwei r aneinander. Ein r gehört zu fahren, das andere r gehört zu Rad.

Ich merke mir das Wort schiebt . Es ist ein Tunwort. Die Grundform heißt schieben und wird mit ie und mit b geschrieben.

**❸** Diktiert euch gegenseitig die ausgewählten Wörter ins Heft. Vergleicht sie mit der Vorlage.

**❹** Sucht die Namenwörter, Tunwörter, Wiewörter im Text. Schreibt sie so:

Namenwörter: das Fahrrad, die Ferien, . . . ✎
Tunwörter: bekommen, schieben, . . . ✎
Wiewörter: neu, vorsichtig, . . . ✎

**❺** Diktiert euch gegenseitig den Text nach den Regeln des Partnerdiktats.

*Der Geschichtenfaden*

Alle Kinder sitzen im Sitzkreis.
Petra hat ein Wollknäuel in der Hand.
Sie nimmt den Faden auf und beginnt zu erzählen.

„Einmal war ich bei meinem Opa."

Der Faden wandert zu Dieter.
Dieter spinnt die Geschichte weiter.

„Da gingen wir gemeinsam in den Garten."

Jetzt bekommt Sabine den Faden.

„In Opas Garten entdeckte ich ein Vogelnest."

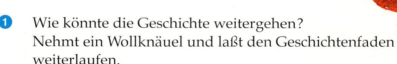

**1** Wie könnte die Geschichte weitergehen?
Nehmt ein Wollknäuel und laßt den Geschichtenfaden
weiterlaufen.

**2** So könnte die Geschichte enden:

Da war Opa ganz stolz auf mich.
Das hat mir ganz prima gefallen.
Da mußten wir beide lachen.
Daheim erzählte ich meiner Mutter, was ich mit Opa erlebt
hatte.

**3** Hier sind Anfänge für Geschichten, die ihr gemeinsam
erfinden und erzählen könnt.
Wählt einen dieser Anfänge aus und erzählt die Geschichte
gemeinsam weiter.

Einmal fuhr ich in einem Boot über einen See.
Da . . .
Einmal durfte ich in einem Ballon mitfliegen.
Da . . .
Einmal kam ich im Traum ins Land der Zwerge.
Da . . .

# Einkaufen

Sabrina braucht einen neuen Füller. Sie geht in ein Schreibwarengeschäft und läßt sich beraten.
Der Verkäufer zeigt ihr viele verschiedene Schreibgeräte.

**1** Für welches Schreibgerät würdest du dich entscheiden? Begründe.

**2** Zu welchen Schreibgeräten gehören diese Texte?

| | |
|---|---|
| Der Tintenschreiber hat eine Faserspitze und einen großen Tintenvorrat. Er kann nicht wieder gefüllt werden. Man muß ihn wegwerfen, wenn er leergeschrieben ist. | Der Patronenfüller hat eine weiche Kugelkopffeder. Er bekommt die Tinte aus einer Vorratspatrone. Zusätzlich hat er noch eine Reservepatrone. Durch ein Sichtfenster kann man sehen, wenn er leer ist. Die Verschlußkappen haben Steckverschlüsse oder Schraubverschlüsse. |

**3** Schreibe die zusammengesetzten Namenwörter aus den Texten heraus und zerlege sie so:

die Verschlußkappe: der Verschluß – die Kappe, . . .

**4** Schreibe die beiden Sachtexte ab.

**5** Übt die Sachtexte als Partnerdiktat.

**6** Schreibe zu deinem Füller einen Sachtext.

| | |
|---|---|
| Sabrina: | „Können Sie mir bitte den gelben Füller zeigen?" |
| Verkäufer: | „Gerne! Es ist unser neuestes Modell. Er hat eine schlanke, elegante Form und liegt sicher in der Hand." |
| Sabrina: | „Wie ist die Feder?" |
| Verkäufer: | „Er hat eine weiche, abgeschrägte Feder." |
| Sabrina: | „Ist der Füller auch umweltfreundlich?" |
| Verkäufer: | „. . ." |

**1** Wie könnte das Beratungsgespräch weitergehen? Überlegt gemeinsam. Spielt das Gespräch.

**2** Worauf müßt ihr beim Füllerkauf achten? Sammelt Fragen zu diesen Stichwörtern.

| Preis | Material | Eignung | Umweltfreundlichkeit |
|---|---|---|---|

| Technik | Farbe | Handhabung | Form | Qualität |
|---|---|---|---|---|

Kann ich die Patronen nachfüllen?
Läßt sich die Feder austauschen?  . . .

**3** Notiere zu jedem Stichwort Fragen.

Preis: Wie teuer ist der Füller? Was kosten
die Patronen? Was kostet eine neue Feder?
Material: . . . ✐

**4** Stellt für den Kauf eines Füllers Vorteile und Nachteile zusammen.

| Vorteile | Nachteile |
|---|---|
| – Eine Nachfüllpatrone ist umweltfreundlich. | – Ich brauche Zeit und Geduld, wenn ich die Patrone nachfüllen muß. |
| – Bei einem guten Füller kann ich die Feder austauschen. | – Ein guter Füller ist aber . . . ✐ |
| – . . . ✐ | |

**5** Schreibe ein Verkaufsgespräch. Benutze für Fragen und Antworten zwei unterschiedliche Farben.

In der Schule müssen alle Bücher eingebunden werden.
Die Kinder überlegen, welche Materialien sich gut als Umschlag
eignen.

**1** Mit welchen Materialien sollte man neue Bücher einbinden?
Begründet eure Meinung.

**2** Zu welchen Materialien passen diese Stichwörter?

| Klebefolie | | stabil | praktisch | wiederverwendbar | farbenfroh |

| Packpapier | | zerreißt leicht | sieht gut aus | reißfest |

| Buchhüllen | | Ecken und Kanten stoßen sich ab | kann man nicht mehr ablösen | verrottet im Müll |

| Geschenkpapier |

| Zeitungspapier | | das Buch darf später nicht zum Altpapier | Druckerschwärze färbt ab |

das Buch kann gut erkannt werden

braucht man gar nicht oft zu kaufen | nicht umweltfreundlich | kann ich selbst verzieren

**3** Schreibe zu jedem Material Argumente.

Die Klebefolie ist reißfest. Das Buch kann später nicht . . . ✐

**4** Kunststoffhüllen: ja oder nein?
Spielt ein Streitgespräch.

**5** Schreibe einen Text zum Thema „Buchumschlag" für euer
Informationsbrett. Ordne nach Vorteilen und Nachteilen.

*eine Meinung äußern, begründen und vertreten*

So kannst du selbst deine Bücher einbinden.

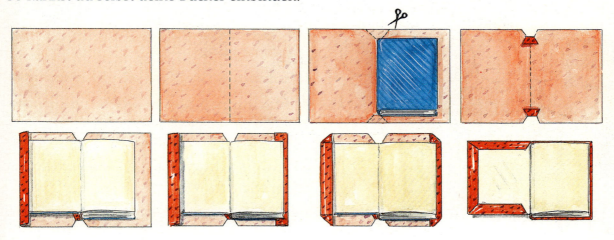

**1** Beschreibe die Arbeitsschritte.

**2** Schreibe möglichst genau auf, wie du ein Buch einbindest.
Diese Stichwörter helfen dir:

  ∗ das Papier passend zuschneiden
  ∗ den Papierbogen genau in der Mitte falten
  ∗ am Buchrücken das Umschlagpapier schräg einschneiden
  ∗ die Rückenlasche sorgfältig einknicken
  ∗ an den langen Seiten das Papier leicht umschlagen
  ∗ die Längskanten scharf falzen
  ∗ die Ecken exakt umknicken
  ∗ an den kurzen Seiten das Papier sauber einschlagen

Zuerst schneide ich das Papier passend zu.
Dann falte . . . ✐

**3** Unterstreiche die Namenwörter rot, die Tunwörter blau und
die Wiewörter grün.

> Wortarten haben auch lateinische Bezeichnungen.
> Das Namenwort heißt Substantiv,
> das Tunwort heißt Verb,
> das Wiewort heißt Adjektiv.

**4** Gestalte deine Buchumschläge.
Man sollte erkennen können,
welches Buch eingebunden ist
und wem das Buch gehört.

# Mensch ärgere dich nicht im Supermarkt

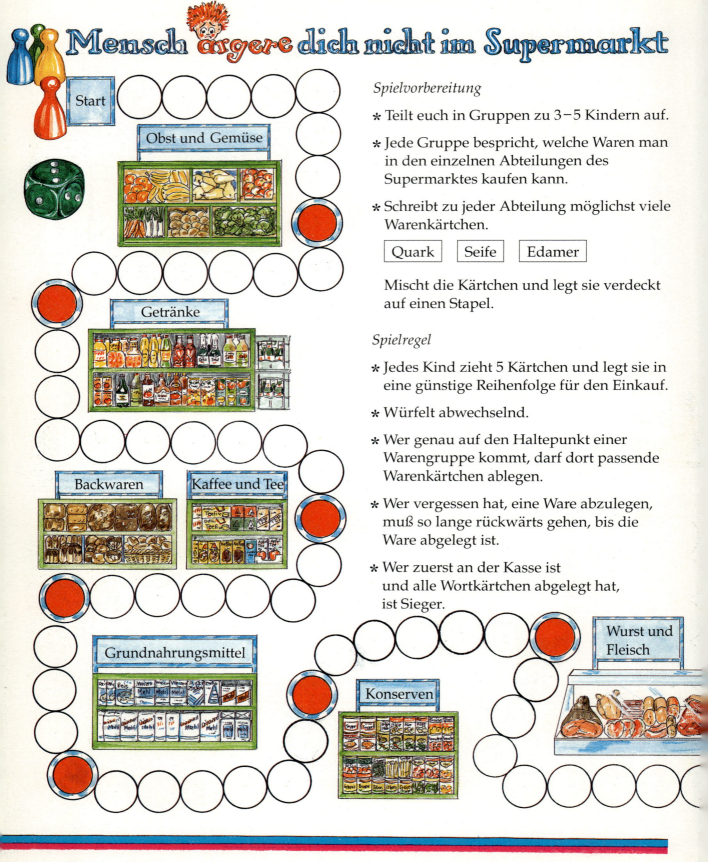

**Start**

**Obst und Gemüse**

**Getränke**

**Backwaren**

**Kaffee und Tee**

**Grundnahrungsmittel**

**Konserven**

**Wurst und Fleisch**

*Spielvorbereitung*

\* Teilt euch in Gruppen zu 3–5 Kindern auf.

\* Jede Gruppe bespricht, welche Waren man in den einzelnen Abteilungen des Supermarktes kaufen kann.

\* Schreibt zu jeder Abteilung möglichst viele Warenkärtchen.

| Quark | | Seife | | Edamer |

Mischt die Kärtchen und legt sie verdeckt auf einen Stapel.

*Spielregel*

\* Jedes Kind zieht 5 Kärtchen und legt sie in eine günstige Reihenfolge für den Einkauf.

\* Würfelt abwechselnd.

\* Wer genau auf den Haltepunkt einer Warengruppe kommt, darf dort passende Warenkärtchen ablegen.

\* Wer vergessen hat, eine Ware abzulegen, muß so lange rückwärts gehen, bis die Ware abgelegt ist.

\* Wer zuerst an der Kasse ist und alle Wortkärtchen abgelegt hat, ist Sieger.

1. Notiere, welche Waren in den einzelnen Abteilungen abgelegt sind.

   Obst und Gemüse: Salat, Äpfel, . . . ✏

2. Schreibe zu jeder Abteilung, die nicht belegt wurde, fünf Waren auf.

3. Wer arbeitet im Supermarkt? Schreibe auf, wer zum Personal des Supermarktes gehört.

   Verkäuferin Metzger Arzt Verkäufer Kinder Raumpflegerin Sekretärin Aushilfe Auszubildende Hausfrau Abteilungsleiterin Kassiererin Kunde Postbote Lieferant Handwerker Rentner Rentnerin Hausmeister Detektiv Kundin Auszubildender

> Menschen und Tiere, Pflanzen und Dinge kann man mit Sammelnamen ordnen. Sammelnamen heißen auch Oberbegriffe.

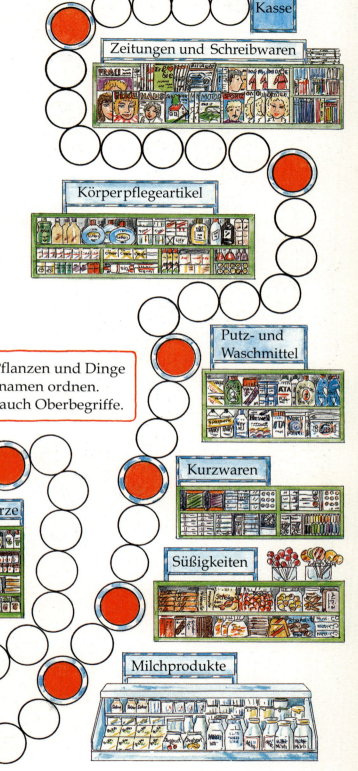
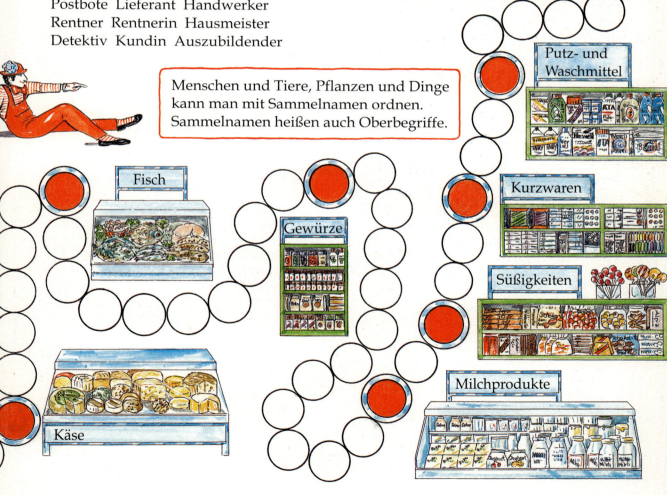

# Tauschen

Sefki hat eine Bildergeschichte von einem
Tauschhandel in der Steinzeit gezeichnet.

**1** Zwei Kinder tauschen, was sie haben.
Erzählt zu den Bildern.

**2** Was verhandeln die Kinder, bevor sie ihre Waren tauschen?
Denkt euch Tauschgespräche aus und spielt sie.

**3** Schreibe zu den ersten beiden Bildern.
Verwende passende Verben:

> fischen flechten fangen falten ködern wärmen
> forttragen verbrennen scheinen mitnehmen

> Verben sagen, was jemand tut.

**4** Die Kinder begegnen sich im dritten Bild.
Schreibe ihr Tauschgespräch.

**5** Wie könnte die Geschichte enden? Schreibe einen Schluß.

**6** Suche zu deiner Geschichte eine passende Überschrift.

*zu einer Bildfolge erzählen; Tauschgespräche; Verben; eine Geschichte fortschreiben*

*Hans im Glück*

Nach sieben Jahren Arbeit bekommt Hans von seinem Meister ein Stück Gold als Lohn. Auf dem Heimweg wird ihm das Gold zu schwer. Er möchte lieber heimreiten und tauscht das Gold gegen ein Pferd. Weil das Pferd ihm zu sehr schaukelt, tauscht er es gegen eine Kuh. Neben der Kuh kann er gemütlich herlaufen und bekommt täglich auch noch Milch. Bald gibt die Kuh keine Milch mehr. Da tauscht Hans sie gegen ein Schwein.

Als er erfährt, daß das Schwein gestohlen ist, tauscht er es gegen eine Gans. Bald danach trifft er einen Scherenschleifer. Dieser sagt: „Sooft ich in die Tasche greife, finde ich Geld darin. Ich brauche nur einen Wetzstein." Nun tauscht Hans die Gans gegen einen Wetzstein. Er bekommt noch einen Feldstein dazu.

Unterwegs drücken ihn die Steine schwer. Als er an einem Brunnen trinken will, plumpsen beide Steine ins Wasser. Hans springt vor Freude auf und ruft: „So glücklich, wie ich bin, ist kein Mensch unter der Sonne!"

Froh und frei von aller Last setzt er den Weg zu seiner Mutter fort.

(nach Brüder Grimm)

**1** Sprecht über den Tauschhandel in diesem Märchen.

**2** Welche Gründe hat Hans für die einzelnen Tauschgeschäfte? Schreibe so:

Hans tauscht den Goldklumpen gegen ein Pferd, weil . . . ✏

**3** Denkt euch zu den einzelnen Stationen auf dem Weg von Hans kleine Szenen aus.
Spielt die Szenen.

**4** Märchen werden in der Vergangenheit erzählt.
Schreibe das Märchen von „Hans im Glück" in der Vergangenheit.

Nach sieben Jahren Arbeit bekam . . . ✏

---

Kaurimuscheln    Steingeld    Zahnketten    Teeziegel

*Von der Muschel zur Münze*

Diktat üben
94 Wörter

Werkzeuge

Faustkeil

Fell

Als die Menschen noch in Höhlen lebten, versorgten sie sich nur mit dem, was sie unbedingt für das Leben brauchten. Später erfanden die Menschen Werkzeuge.

Sie erlegten damit mehr Wild, als sie selbst essen konnten. Wenn sie sich mit anderen trafen, verschenkten oder tauschten sie, was jeder übrig hatte.

Diese ersten Tauschmittel nennen wir heute Nutzgeld.

Woanders sammelten die Menschen Schneckenhäuser, Perlen, Muscheln oder Federn. Auf ihren Märkten setzten sie dafür Werte fest und tauschten zum Beispiel Muscheln gegen Werkzeuge oder andere Waren.

Diese Tauschmittel nennen wir heute Schmuckgeld.

**①** Wie ist der Tauschhandel entstanden?
Sprecht über den Text und die Bilder.

**②** Erklärt die Unterschiede von Nutzgeld und Schmuckgeld.

**③** Suche die Verben aus dem Text heraus und schreibe sie in Vergangenheit und Gegenwart in eine Tabelle.

| Vergangenheit | Gegenwart |
|---|---|
| sie lebten | sie leben |
| . . . ✏ | . . . ✏ |

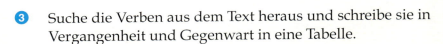

Verben können Zeitstufen bilden. Zeitstufen zeigen an, wann jemand etwas tut oder wann etwas geschieht. Gegenwart und Vergangenheit sind Zeitstufen.

**④** Übe den Text als Diktat.

Silberring

Lochmünze

Kupferring

Goldklumpen

Blumensilber

Münzen

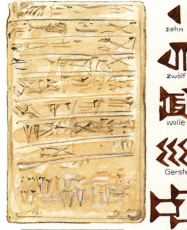

zehn

zwölf

wolle

Gerste

Bronze

Schon vor 6000 Jahren tauschten die Sumerer mit Goldstücken und Silberstücken. In Mesopotamien setzten die Händler sogar Preise fest und schrieben sie auf Tafeln. In Kleinasien kamen die Lyder auf die Idee, Münzen zu prägen. In Europa wurde zum ersten Mal vor 2300 Jahren mit Münzen gezahlt. Die Chinesen druckten vor 1000 Jahren das erste Papiergeld.

Heute ist Geld in allen Ländern der Welt das anerkannte Zahlungsmittel. Für Geld muß man arbeiten. Es hat einen festgelegten Wert, von dem man sich kaufen kann, was man für das Leben braucht.

Preistafel aus Mesopotamien

① Schon früh haben die Menschen Geld als Zahlungsmittel verwendet. Sucht nach Gründen.

② Heute können wir auf moderne Zahlungsmittel nicht mehr verzichten. Erklärt die Gründe.

③ Schreibe den Text ab. Unterstreiche die Verben.

④ Schreibe die Verben in der Grundform und in zwei verschiedenen Vergangenheitsformen.

| tauschen | sie tauschten | sie haben getauscht |
| setzen | sie . . . ✏ | sie . . . ✏ |

⑤ Schreibe und gestalte einen eigenen Text über die Entwicklung des Geldes.

heutige Zahlungsmittel

Die Kinder organisieren einen Tauschmarkt. Sie wollen nichts verkaufen, aber auch nichts verschenken. Sie wollen nur tauschen.

**❶** Schaut euch das Warenangebot an.
Welche Dinge könnten etwa den gleichen Wert haben?

**❷** Auf dem Tauschmarkt wird der Wert der Waren im Tausch ausgehandelt. Kommt hier ein Tausch zustande?

Anja:   Oh! Ist das aber ein schönes Vogelhäuschen!
Bernd:  Das habe ich selbst gebaut.
Anja:   Kann ich es gegen diese Muschel tauschen?
Bernd:  Kommt gar nicht in Frage! Nein!
        Das ist mir viel zu wenig.
Anja:   Das ist aber eine ganz wertvolle Muschel!
        Die hat mir mein Opa mitgebracht, der war nämlich
        schon einmal auf Hawaii.

**❸** Wie könnte das Tauschgespräch weitergehen?
Denkt euch verschiedene Möglichkeiten aus.

**❹** Spielt andere Tauschgespräche.

> Wer Bewunderung oder Ablehnung ausdrücken will,
> benutzt oft Ausrufe oder Ausrufesätze.
> Ausrufe und Ausrufesätze enden mit einem
> Ausrufezeichen.

**❺** Schreibe ein Tauschgespräch.
Verwende darin auch Ausrufesätze.

*Ein Märchen*

Vor langer, langer Zeit lebten in Wipidula nur zufriedene, glückliche Wipiduler. Immer, wenn sie einander trafen, schenkten sie sich ein warmes, kuscheliges Fellchen.

Eines Tages traf ein Wipiduler auf einen Kobold und schenkte ihm ein Fellchen. Der Kobold aber sagte:

„Wenn du weiterhin deine Fellchen an Fremde verschenkst, wirst du bald keine Fellchen mehr haben."

Auf die Idee, daß seine Fellchen einmal ausgehen könnten, war der Wipiduler noch nie gekommen. Von nun an verschenkte er kein Fellchen mehr, auch nicht, wenn er selber eines erhielt.

Langsam kam in Wipidula Mißtrauen auf.

Der Kobold aber, wenn er einen Wipiduler traf, verschenkte kalte, spitze Steine. Bald taten es ihm die Wipiduler gleich. Doch die Freude, die sie einst beim Tausch der Fellchen hatten, kam bei den kalten Steinen nicht auf.

Nur noch ganz selten wurden bei den Wipidulern Fellchen als Zeichen der Zuneigung geschenkt.

**❶** Welche Bedeutung kommt in Wipidula den Fellchen zu?

**❷** Was empfindest du, wenn du ein Fellchen berührst?

**❸** Warum schlägt bei den Wipidulern die Zuneigung in Mißtrauen um?

**❹** Warum wirken Fellchen und Steine so unterschiedlich auf die Wipiduler?

**❺** Male eine Bildergeschichte zum Märchen und schreibe einen Text dazu.

**❻** Gliedert das Märchen in Spielszenen.

**❼** Schreibt Rollentexte für die einzelnen Szenen.

**❽** Stellt Figuren für ein Schattenspiel her und spielt das Märchen.

# Für etwas werben

Werbung dient meistens dazu, Waren vorzustellen, sie bekannt zu machen und sie zu verkaufen.
Immer häufiger werden Werbemittel aber auch für andere Zwecke eingesetzt.

**1**   Wofür wirbt das Plakat?

**2**   Was wirkt stärker auf euch, die Bilder oder der Text?
Warum?

**3**   Auch diese Texte fordern zu etwas auf.
Sprecht über ihre Bedeutung.

| | | |
|---|---|---|
| Nicht auslachen – anlachen! | Stark ist, wer Schwachen hilft. | Nicht gegeneinander – miteinander! |
| Meine Hand gehört mir, ich gebe sie dir. | Wörter können höhnen, aber auch versöhnen. | Sieger ist, wer seinen Zorn zügelt. |

**4**   Gestaltet mit diesen Texten Werbeplakate.
Bildteile und Textteile sollen gut zueinander passen.

**5**   Mache dich selbst zum Werbeträger. Bastle dir einen Anstecker, der für friedliches Miteinander wirbt.

Ob du rund bist,
weiß oder bunt bist,
grob oder fein,
erwachsen oder klein:
Du bist du, und so soll es sein.

Ob du bleich bist,
arm oder reich bist,
laut oder stumm,
traurig oder froh:
Du bist du, und ich mag dich so.

Ob du schlank bist,
kurz oder lang bist,
dick oder dünn,
feige oder du hast Mut:
Du bist du, und das find ich gut.

Ob du schlau bist,
Mann oder Frau bist,
schwach oder stark,
müde oder frisch:
Du bist du, komm an meinen Tisch!

**1** Wie werden die Menschen im Text beschrieben?
Ordne die Adjektive zu Gegensatzpaaren:

weiß oder schwarz, rund oder schlank, . . . 🖉

**2** Durch welche Eigenschaften werden Menschen für dich
bedeutungsvoll? Sammle Adjektive:

besonnen, liebevoll, feinfühlig, gerecht, . . . 🖉

> Adjektive sagen, wie jemand ist oder wie etwas ist.

**3** Begründe deine Meinung. Schreibe so:

Wer besonnen ist, denkt erst nach, bevor er handelt.
Wer feinfühlig ist, kann andere besser verstehen. . . . 🖉

**4** Wofür könnt ihr mit dem folgenden Gedicht um
Verständnis bitten?
Gestaltet Plakate dazu. Das Plakat soll auch
Textteile enthalten.

*Kinderhände*

Ein Holländerkind,
ein Negerkind,
ein Chinesenkind
drücken beim Spielen
die Hände in Lehm –
nun sag: Welche Hand
ist von wem?

Hans Baumann

Hereinspaziert! Hereinspaziert!
Erleben Sie unser
sensationsreiches Programm. Sie sehen heute
in unserer wunderschönen Manege pfeilschnelle Tiger mit
messerscharfen Krallen, lammfromme Löwen mit haushohen
Sprüngen, riesengroße Elefanten mit kilometerlangen Rüsseln,
bärenstarke Akrobaten mit rabenschwarzen Bärten und
federleichte Tänzerinnen auf hauchdünnen Seilen.
Hereinspaziert! Hereinspaziert!

**1** Der Clown übertreibt. Woran könnt ihr das erkennen?

**2** Warum übertreiben Ausrufer und Marktschreier oft so sehr?

**3** Erkläre die Adjektive, die der Clown benutzt.
Schreibe so:

sensationsreich – reich an Sensationen
wunderschön – so schön wie ein Wunder
pfeilschnell – . . .🖉

> Zusammengesetzte Adjektive werden klein geschrieben.

**4** Verkürze mit zusammengesetzten Adjektiven.

✳ Clowns, die voller Humor sind
✳ Pferde, die voller Temperament sind
✳ Jongleure, die so lang wie ein Baum sind
✳ Zauberer, die so dürr wie eine Spindel sind
✳ Zirkusdirektoren, die so rund wie eine Kugel sind
✳ Eintrittskarten, die so billig sind, daß man darüber spotten
  müßte

Schreibe so: humorvolle Clowns – ein humorvoller Clown
            temperamentvolle . . .🖉

**5** Schreibe die Ansage des Clowns ab und führe sie fort.
Färbe die zusammengesetzten Adjektive.

| | | | | | | | |
|---|---|---|---|---|---|---|---|
| 🍦 | kalt | 🌙 | hell | 🔥 | rot | 🪞 | glatt |
| ⭐ | klar | ⚡ | schnell | 🖼️ | schön | 🧈 | weich |
| 🥣 | süß | 🔪 | scharf | 🥔 | hart | 🔴 | gerade |

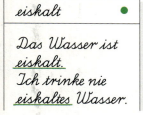

*eiskalt* ●

*Das Wasser ist
eiskalt.
Ich trinke nie
eiskaltes Wasser.*

**1** Bilde zusammengesetzte Adjektive.
Ergänze damit deine Wörterkartei.

**2** Entwickle Farbtäfelchen. Zeichne und beschrifte sie.

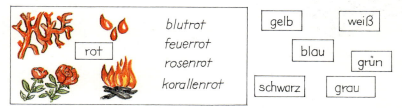

*blutrot
feuerrot
rosenrot
korallenrot*

rot

gelb   weiß

blau   grün

schwarz   grau

**3** Lies die Geschichte. Wie könnte sie weitergehen?

Unter einem 🏠 hohen Berg wohnte ein 🥔 alter

Zwerg. Der 🥔 alte Zwerg teilte seine 🐦 schwarze

Höhle mit einem 👥 großen Drachen. Immer wenn die

Nacht 🌙 hell und ⭐ klar war, führte der

🥔 alte Zwerg den 👥 großen Drachen an einen

🍦 kalten Bach. Dort trank der Drache das 🥛 klare

Wasser und fraß vom 🌿 grünen Schilf.

Einmal tauchte eine 🖼️ schöne Nixe aus dem

🥛 klaren Wasser auf. Sie hatte 🌀 runde

Augen und 🔥 rote Haare. Da . . . ✏️

**4** Schreibe die vollständige Geschichte.

# Im Herbst

*Früchte und Samen*

Eberesche

Hainbuche

Moorbirke

Bocksbart

Glockenbl...

Fingerhut

Berg-Ahorn

Königs-kerze

Wollgras

Löwenzahn

Weidenrösch...

START

ZIEL

Viele Früchte und Samen verbreiten sich
durch den Wind.
Es gibt Propellerflieger,
   Schirmflieger,
   Körnchenflieger,
   Segelflieger.

*Spielanleitung*

✳ Kommst du auf ein blaues Feld, mußt du
die Samenart benennen.

✳ Kommst du auf ein rotes Feld, mußt du
den Pflanzennamen in zwei Substantive
zerlegen.

**1** Zerlege alle zusammengesetzten
Substantive so:

der Propeller – der Flieger
die Wolle    – das . . . ✎

**2** Ordne den Pflanzen die Flugart der
Samen zu.
Schreibe so:

Der Samen des Löwenzahns ist ein
Schirmflieger.
Der Samen . . . ✎

**3** Was erleben die Samen im Wind?
Schreibe eine Geschichte.

*ein Sachfeld begrifflich ordnen; zusammengesetzte Substantive*

Diktat üben
97 Wörter

**1** Die Namen der Pflanzen findest du heraus, wenn du den folgenden Text sorgfältig liest.

*Früchte und Samen sind unterwegs*

An einem dünnen, langen Halm schaukeln die Kapseln des Klatschmohns im Wind hin und her. Dabei rieseln seine Samenkörner wie aus einem Salzstreuer. Deshalb nennt man diese Frucht Streufrucht.

Die Früchte der Vogelbeere sind Lockfrüchte, denn sie locken mit ihrer Farbe Vögel an. Die Vögel fressen die Früchte und scheiden die Samen wieder aus.

Bei einigen Pflanzen platzen die Früchte bei Berührung plötzlich auf und schleudern den Samen fort. Das Springkraut hat solche Schleuderfrüchte.

Tiere tragen Samen oft als blinde Passagiere an einen anderen Ort. Klettfrüchte bleiben leicht in ihren Fellen hängen.

**2** Erkläre die Verbreitung der Früchte und Samen so:

Die Früchte der Vogelbeere leuchten rot.
Sie locken Vögel an. Deshalb heißen sie . . . ✐

**3** Im Text findest du einige zusammengesetzte Substantive, die aus einem Verb und einem Substantiv gebildet sind.

Schreibe sie so:
Klatschmohn: klatschen – der Mohn

**4** Übe den Text als Diktat.

*Der Igel*

Was ich über den Igel wissen möchte

Was frißt der Igel?
Wann schläft er?
Wo schläft er?
Wie spürt er Schädlinge auf?
Was trinkt der Igel?
Wie überwintert der Igel?
Wie bereitet er sich auf den Winterschlaf vor?

**1** Welche Fragen könnt ihr sofort beantworten?
Worüber müßt ihr euch noch genauer informieren?

**2** Ordnet den Fragen die passenden Antworten zu:

* geht in der Nacht auf die Jagd
* frißt Spinnen, Mäuse, Würmer, Frösche, Samen, Obst, Schnecken, Schlangen und Schädlinge
* soll keine Milch, nur Wasser trinken
* richtet sich ein weiches Nest her und hält einen Winterschlaf
* frißt sich ein dickes Fettpolster an
* hat eine feine Spürnase
* schläft unter Hecken

**3** Schreibe Fragen und Antworten in vollständigen Sätzen.

**4** Suche weitere Fragen und Antworten zum Igel.

**5** Kennzeichne bei Fragen und Antworten Satzgegenstand
und Satzaussage mit verschiedenen Farben.
Was frißt der Igel ? Er frißt Spinnen, . . .

> Sätze haben einen Satzgegenstand und eine Satzaussage.
> Der Satzgegenstand sagt, wer oder was etwas tut.
> Die Satzaussage sagt, was jemand tut .

In Märchen, Sachtexten und Fantasiegeschichten kannst du etwas über den Igel lesen.

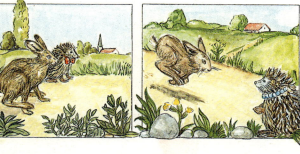

**❶** Wie heißt das Märchen, das in den Bildern dargestellt ist? Erzählt und spielt es.

**❷** Schreibe das Märchen. Male dazu.

**❸** Welche Sachinformationen über den Igel könnt ihr dem Lexikonartikel entnehmen?

**Igel** (Erinaceus Europaeus), ein kleiner, stacheliger Insektenfresser.
Die Stacheligel können eine Größe von 13–27 cm haben und ein Gewicht von 400–1200 Gramm. Sie haben einen kurzen Schwanz, eine spitze Schnauze, ziemlich kleine Augen und kleine, aber deutlich sichtbare Ohren. Sie haben kurze Beine und an jeder Pfote fünf Zehen mit kräftigen Klauen. Die Stacheln sind eigentlich umgeformte Haare, 2–3 cm lang, 1–2 mm dick. Im Durchschnitt hat der Igel ungefähr 6000 Stacheln, die von Zeit zu Zeit ausfallen (wie etwa unser Haar) und erneuert werden.
Die meisten Igel werden im Juni oder Juli geboren. Manche Weibchen werfen auch zweimal im Jahr, zum ersten Mal im April oder Mai, zum zweiten Mal Ende September oder Anfang Oktober. Pro Wurf werden fünf bis sieben Junge geboren.
Die Jungen sind bei der Geburt blind, rosig und weich behaart; die Stacheln sind zwar unter der Haut bereits angelegt, aber noch nicht sichtbar. Nach gut zwei Wochen öffnen die Jungen die Augen. Mit ungefähr zwei Monaten sind sie imstande, sich ihre Nahrung zu suchen, und dann machen sie sich selbständig.
Alle Igel sind Nachttiere. Ihr Geruchssinn und ihr Gehör sind sehr gut, die Augen dagegen nur mäßig. Sie sind überraschend schnell; sie können auch klettern und sogar schwimmen. Den größten Teil ihrer Zeit verbringen sie jedoch auf der Suche nach Nahrung. Ihre Lieblingsspeise sind Würmer, Schnecken und Insekten. Eigentlich fressen sie alles, was sie finden können, auch Frösche, Vogeleier und junge Vögel, Pilze und Obst. Der Igel führt einen echten Winterschlaf von vier bis fünf Monaten. Hierfür richtet er im Herbst ein weiches Nest her, sammelt aber keinen Wintervorrat, sondern sorgt für eine genügend dicke Speckschicht, von welcher er im Winter zehren kann. Der Winterschlaf des Igels ist so tief, daß sein Herz nur noch zwanzigmal pro Minute schlägt (im Wachzustand 180mal).

**❹** Schreibe einen Sachtext über den Igel.

**❺** Denkt euch aus, wie die Igel wohl zu ihren Stacheln kamen. Laßt eure Fantasie spielen.

*Wie die Igel Stacheln kriegten*

In alten Zeiten trugen die Igel keine Stacheln, sondern seidenweiches Haar, so mollig und lang wie die Haare der Angorakaninchen. Doch eines Tages . . .

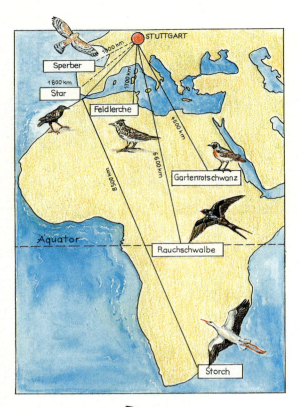

*Vogelzug*

Im September und Oktober sammeln sich in vielen Ländern Europas die Zugvögel. Sie ziehen in wärmere Länder.

Bei manchen Vogelarten fliegen viele tausend Vögel gemeinsam in geordneten oder ungeordneten Schwärmen nach Süden. Wildgänse haben eine keilförmige Flugordnung. Der Kuckuck und der Wendehals treten ihre Reise einzeln an. Einige Vogelarten fliegen nur am Tag, und andere Vögel fliegen nur in der Nacht.

Bei vielen Zugvögeln dauert die Reise drei Monate. Der Orientierungssinn der Vögel ist immer noch ein großes Rätsel. Unterwegs sind die Vögel vielen Gefahren ausgesetzt.

Bei schlechter Sicht prallen sie gegen Masten und hohe Türme. Regen und Kälte schaden ihrem Gefieder. Auch Hagel, Hitze und Sandstürme werden ihnen zum Verhängnis. Auf der langen Flugstrecke sterben jedes Jahr auch Vögel an Erschöpfung.

❶ Sprecht über die Flugstrecken der Zugvögel.

❷ Zugvögel vollbringen eine große Leistung. Was erfahrt ihr darüber aus dem Text?

❸ Untersuche die Sätze des Textes. Suche in jedem Satz den Satzgegenstand mit der wer oder was -Frage.

❹ Schreibe den Text ab. Unterstreiche alle Satzgegenstände. Beachte, daß der Satzgegenstand auch aus mehreren Wörtern bestehen kann.

*Samstag, 1. Oktober*

Nils Holgersson saß auf dem Rücken des weißen Gänserichs und ritt hoch droben durch die Lüfte. Einunddreißig Wildgänse flogen in wohlgeordnetem Zuge rasch südwärts. Ihre Federn rauschten, und die vielen Flügel schlugen mit so lautem Sausen durch die Luft, daß man fast sein eigenes Wort nicht verstehen konnte. Akka von Kebnekajse flog an der Spitze, hinter ihr kamen Yksi und Kaksi, Kolme und Neljä, Viisi und Kuusi, der Gänserich Martin und Daunenfein.

Sie hatten in diesem Jahr zweiundzwanzig junge Gänse bei sich, die in diesem Sommer im Fellental herangewachsen waren. Elf von ihnen flogen rechts und elf links, und sie gaben sich alle Mühe, denselben Abstand zwischen sich einzuhalten wie die großen Gänse. Die armen Jungen hatten noch nie eine große Reise gemacht, und am Anfang wurde es ihnen sehr schwer, bei dem raschen Fluge der Alten mitzukommen.

„Akka von Kebnekajse! Akka von Kebnekajse!" riefen sie in jammervollem Tone. „Was gibt's?" fragte die Anführerin. „Unsere Flügel sind von dem vielen Schlagen müde!" schrien die Jungen. „Je länger ihr weitermacht, desto besser geht es", erwiderte die Anführerin; und sie flog auch nicht ein bißchen langsamer, sondern ebenso geschwind wie zuvor. Und es war wirklich, als ob sie recht behalten sollte, denn nachdem die jungen Gänse ein paar Stunden geflogen waren, klagten sie nicht mehr über Müdigkeit.

Selma Lagerlöf

**1** Nils Holgersson erlebt mit den Wildgänsen viele Abenteuer. Wovon erzählt dieser Ausschnitt aus dem Buch von Selma Lagerlöf?

**2** Welche Sachinformationen enthält diese Erzählung?

**3** Schreibe den ersten Abschnitt ab. Unterstreiche in jedem Satz den Satzgegenstand und die Satzaussage.

**4** Welche Ratschläge wird Akka von Kebnekajse den jungen Wildgänsen geben, wenn sie über Hunger, Durst, Kälte, Sturm, Regen oder Langeweile klagen?
Denkt euch Gesprächsszenen aus und schreibt sie.

**5** Im Flug betrachten die Junggänse die Landschaft unter sich. Schreibt, was sie sehen.

# Vom Lesen

**Meine Bücher**

Ich liebe meine Bücher,
jedes Buch ist ein Haus.
Die Leute darin
kommen im Winter heraus.

Es kommen zu mir
Bettler, Prinz und Pilot,
Max und Moritz,
Schneeweißchen und Rosenrot.

*Josef Guggenmos*

**Das Lesen**

Das Lesen, Kinder, macht Vergnügen,
vorausgesetzt, daß man es kann.
In Straßenbahnen und in Zügen
und auch zu Haus liest jedermann.

Wer lesen kann und Bücher hat,
ist nie allein in Land und Stadt.
Ein Buch, das uns gefällt,
hilft weiter durch die Welt.

*James Krüss*

Das grenzenloseste Abenteuer der Kindheit, das war
das Leseabenteuer. Für mich begann es, als ich zum
ersten Mal ein eigenes Buch bekam und mich da
hineinschnupperte. In diesem Augenblick erwachte
mein Lesehunger, und ein besseres Geschenk hat mir
das Leben nicht beschert.

*Astrid Lindgren*

**1** Welche Bedeutung haben Bücher für Josef Guggenmos,
James Krüss und Astrid Lindgren?

**2** Was bedeuten Bücher für euch?
Tauscht euch in kleinen Gruppen darüber aus und gestaltet
Plakate dazu.

**3** Schreibt Lesetips für eure Klasse. Sie sollten enthalten:

* Titel des Buches
* Name der Autorin oder des Autors
* Hinweis, um welche Art von Buch es sich handelt
* Hinweis, warum das Buch lesenswert ist

Zum ersten Mal darf Emil allein nach Berlin fahren. Seine Großmutter und seine Kusine Pony Hütchen erwarten ihn am Bahnhof. Aber Emil kommt nicht. Er hat sich bereits in eine aufregende Verfolgungsjagd quer durch die Stadt gestürzt, immer hinter dem Dieb her, der ihm im Zug sein ganzes Geld gestohlen hat.
Zum Glück bekommt Emil bald Hilfe von Gustav mit der Hupe und von einer Schar anderer aufgeweckter Kinder.

Liebe junge Detektive!
Aufgepaßt! Dieses Buch enthält die gesammelten Erfahrungen des großen Meisterdetektivs Kalle Blomquist. Vollzählig. Das ist von unschätzbarem Wert für euch. Denn ob ihr nun auf der Suche nach einem verborgenen Schatz seid oder plötzlich auf einen lang gesuchten Dieb stoßt, Kalle Blomquist wird euch den richtigen Tip geben. Und wer weiß, vielleicht seid ihr dann eines Tages der große Meisterdetektiv?

❶ Klappentexte wollen zum Lesen verlocken. Vergleicht die beiden Klappentexte.

❷ Welcher Klappentext überzeugt dich mehr? Begründe deine Meinung.

❸ Schreibe einen Klappentext zu einem deiner Lieblingsbücher.

❹ Wie lassen sich Bücher ordnen?

❺ Schreibe Buchtitel nach Gruppen geordnet auf.

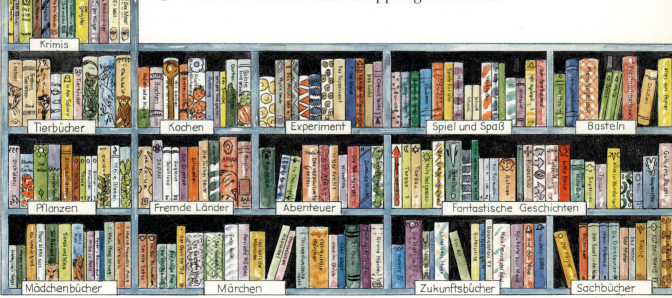

Das Gute an einer Bücherei ist, daß man . . .

. . . Bücher ausleihen kann.

. . . eine große Auswahl hat.

. . . fachlich beraten wird.

. . . ein umfassendes Angebot zu einem Thema hat.

. . . dort schmökern kann.

. . . die Bücher übersichtlich geordnet findet.

**1** Welche Informationen erhaltet ihr hier über eine Bücherei?

**2** Bereitet einen Besuch in der Bücherei vor. Überlegt eure Fragen genau. Sammelt in Gruppen zu jedem Gesichtspunkt gezielte Fragen.

| Schmökern in der Bücherei | Fachliche Beratung |
|---|---|
| * Wann ist die Bücherei geöffnet? <br> * Wo finde ich gemütliche Plätze zum Lesen? <br> * . . . ✐ | * An wen kann ich mich wenden? <br> * Welche Bücher über Licht und Wärme gibt es? <br> * . . . ✐ |

**3** Stellt nach dem Büchereibesuch eure Fragen und die erhaltenen Antworten zu einem Sachtext zusammen. Veröffentlicht eure Gruppenergebnisse.

*Orientierung in einer Bücherei; Sachverhalte durch Fragen erschließen; einen Sachtext formulieren*

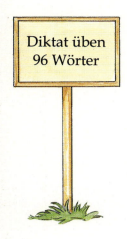

Diktat üben
96 Wörter

*Die Kinder erzählen über ihre Erlebnisse in der Bücherei*

„Zuerst konnte ▇ mich gar nicht zurechtfinden. ▇ könnt euch nicht vorstellen, wieviele Bücher es dort über Dinosaurier gibt", erzählte Jörg.

„Schade, daß ▇ keine mitgebracht hast. ▇ hätte uns sehr interessiert", meinte Uwe.

„▇ sollten gleich heute mittag noch einmal hingehen", sagte Jana.

„Zu dumm, daß Florian heute krank ist. ▇ hätte sich auf die Bastelbücher gestürzt", äußerte Mario.

„Anne suchte orientalische Märchen. ▇ fragte die beiden Bibliothekarinnen. ▇ haben ▇ gut beraten", bemerkte Pinar.

„▇ seid heute richtige Leseratten geworden", stellte Frau Lehmann begeistert fest.

❶ Lest den Text sorgfältig. Welche Wörter fehlen?

> Für Namenwörter können Fürwörter stehen.
> | ich | du | er | sie | es | wir | ihr | sie |
> sind persönliche Fürwörter.
> Das Fürwort heißt auch Pronomen.

❷ Schreibe den Text ab.
Setze die persönlichen Fürwörter ein.

❸ Schreibe alle Verben zum Wortfeld *sagen* aus dem Text heraus. Ergänze damit deine Wörterkartei.

❹ Der Text ist in wörtlicher Rede mit Begleitsätzen geschrieben. Unterstreiche alle Redeteile rot und alle Begleitsätze grün.

❺ Schreibe den Text so um, daß der Begleitsatz immer vor der wörtlichen Rede steht. Achte auf die Satzzeichen.

Jörg erzählte: „Zuerst konnte ich . . . ✎ "

❻ Du kannst das Diktat auch mit Fragesätzen üben.

„Konntet ihr euch gut zurechtfinden?" fragte Jörg.
„Könnt ihr euch vorstellen, wieviele Bücher es dort über Dinosaurier gibt?" fragte Jörg weiter.

Die Kinder haben in der Bücherei erfahren, daß Josef Guggenmos zu einer Autorenlesung in die Bibliothek kommt.

Sie überlegen gemeinsam, was sie von dem Kinderbuchautor erfahren möchten.

- herausfinden, aus welchen Büchern er vorliest
- nachfragen, was für Geschichten er geschrieben hat
- anfragen, ob man selbst etwas von ihm bei der Lesung vortragen darf
- sich erkundigen, wie und wo er lebt
- nachschlagen, wie viele Bücher er geschrieben hat
- nachlesen, mit welchen Themen er sich befaßt
- ihn befragen, welche Vorlieben er hat
- erfragen, woher er seine Ideen bezieht
- nachschauen, welche Gedichte von ihm in unseren Schulbüchern sind

**1**   Schreibe, wie die Klasse ihren Besuch dort vorbereitet.

Sie wollen herausfinden, aus welchen Büchern er vorliest.
Sie wollen . . . ✎

**2**   Schreibe, wer welche Aufgaben übernimmt.

Petra findet heraus, aus welchen Büchern er vorliest.
Ali und Lilli fragen nach, . . . ✎

herausfinden – Petra findet alles heraus.
Zusammengesetzte Verben bilden oft zweiteilige Satzaussagen.

**3**   Unterstreiche in jedem Satz die Satzaussage.

**4**   Schreibe jeden Satz in der Vergangenheit.

Gemeinsam haben sie herausgefunden, aus welchen Büchern . . . ✎

**5**   Unterstreiche wieder die Satzaussage.

Auf dieser Seite könnt ihr frei arbeiten. Wählt aus, was euch
am meisten interessiert. Ihr könnt mehrere Aufgaben bearbeiten.

Der Regenbogen

Ein Regenbogen,
komm und schau!
Rot und orange,
gelb, grün und blau!

So herrliche Farben
kann keiner bezahlen,
sie über den halben
Himmel zu malen.

Ihn malte die Sonne
mit goldener Hand
auf eine wandernde
Regenwand.

*Josef Guggenmos*

* Regenbogenfarben aus den Grundfarben
  rot, gelb, blau mischen

* Regenbogenbilder malen

* ausdrucksvolles Vortragen üben

* Gedicht mit Tüchern oder Bändern
  gestalten

* Gedichttext als Regenbogen schreiben

* ein Regenbogenblatt zum Verschenken
  gestalten

* weitere Gedichte und Geschichten zum
  Regenbogen suchen

* ein Regenbogenbuch gestalten

* überlegen und aufschreiben, was Josef
  Guggenmos mit diesem Gedicht sagen
  möchte

* eine gemeinsame Aufführung vorbereiten

* einen Brief an Josef Guggenmos schreiben

* Gedicht mit Instrumenten gestalten

Für das kommende Jahr sollt ihr euch einen Lesekalender machen. Das Deckblatt könnt ihr mit einer Bücherwette gestalten.

*Die Bücherwette*

In einer Stadt in Amerika gab es vor ein paar Jahren eine Schule, in der hatten die Kinder überhaupt keine Freude an Büchern. Da bot ihnen der Schulleiter eine Wette an:
Wenn alle Kinder bis zu den Sommerferien zusammen eintausend Bücher gelesen hätten, würde er eine Nacht lang auf dem Dach der Schule schlafen.
Die Kinder nahmen die Wette an. Sie tauschten, liehen und kauften Bücher und lasen mit großem Eifer. In wenigen Wochen hatten sie die Wette gewonnen.
Da trug der Schulleiter sein Bett auf das Schuldach und schlief dort oben glücklich die ganze Nacht.

❶ Hat der Schulleiter die Wette gewonnen oder verloren?

❷ Denkt euch weitere mögliche Bücherwetten aus.

❸ Übt den Text der Bücherwette als Partnerdiktat.

❹ Gestaltet das Deckblatt eures Lesekalenders.

❺ Bereitet in der gleichen Größe weitere Kalenderblätter vor.

❻ Legt Kalendarien für die einzelnen Monatsblätter an.

❼ Sammelt Ideen für die Gestaltung der einzelnen Kalenderblätter.

  ✳ Das Lieblingsgedicht meiner Mutter paßt gut für den Monat ihres Geburtstags.
  ✳ Für den Oktober schlage ich einen Buchtip zum Vogelzug vor.
  ✳ . . .

❽ Besprecht und begründet eure Auswahl.

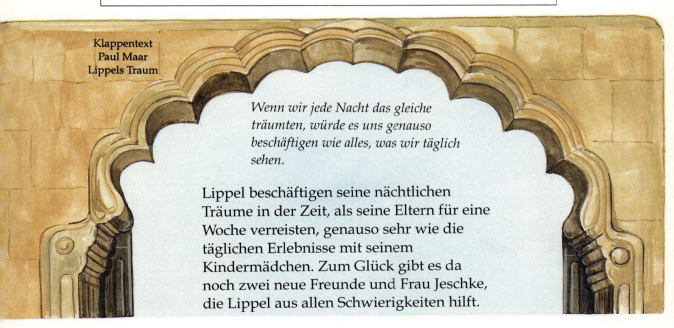

**Klappentext**
**Paul Maar**
**Lippels Traum**

*Wenn wir jede Nacht das gleiche träumten, würde es uns genauso beschäftigen wie alles, was wir täglich sehen.*

Lippel beschäftigen seine nächtlichen Träume in der Zeit, als seine Eltern für eine Woche verreisten, genauso sehr wie die täglichen Erlebnisse mit seinem Kindermädchen. Zum Glück gibt es da noch zwei neue Freunde und Frau Jeschke, die Lippel aus allen Schwierigkeiten hilft.

# Licht und Wärme

**1** Denke dich in das Bild hinein. Wie würdest du in dieser Landschaft den Aufgang der Sonne empfinden?

**2** Versuche, deine Empfindungen aufzuschreiben.

Alles ist noch dunkel. Ich stehe . . . 🖉

**3** Überlegt, welche Bedeutung die Sonne für das Leben hat.

**4** Ergänze die Sätze und schreibe sie auf.

Die Sonne spendet ▭. Sie erwärmt ▭
Sie läßt ▭ wachsen. Sie erfreut ▭
Die Sonne dörrt ▭ aus. Sie trocknet ▭ aus.
Sie kann ▭ verbreiten. Sie läßt ▭ schmelzen.

---

Licht – die Menschen – den Boden – das Eis –
die Pflanzen – Flüsse und Seen – die Erde
und das Wasser – eine unerträgliche Hitze

---

> Sätze können neben Satzgegenstand und Satzaussage auch Ergänzungen haben. Mit der *Wen-/Was-Frage* bestimmen wir die *Wen-/Was-Ergänzung*.

**5** Unterstreiche in den Sätzen den Satzgegenstand, die Satzaussage und die Wen-/Was-Ergänzung.

Am Anfang ihrer Geschichte kannten die Menschen nur eine einzige Quelle für Licht und Wärme: die Sonne. Nachdem die Menschen gelernt hatten, Feuer zu machen, konnten sie Licht und Wärme in ihre dunklen, kalten Höhlen holen. Das war eine wertvolle Entdeckung. Bald konnten die Menschen das Feuer auch für die Zubereitung ihrer Nahrung nutzen. Die Menschen gebrauchten die Glut des Feuers zur Herstellung von Gefäßen und Werkzeugen und für die Härtung ihrer Waffen. Die gebrannten Tongefäße brauchten sie zur Aufbewahrung der Nahrung. Nahe bei der Feuerstelle richteten sie Plätze für die Trocknung von Beeren, Wurzeln, Blättern und Fellen ein. Rund um das Feuer hielten die Höhlenbewohner Versammlungen ab. Im hellen Licht des Feuers entstanden Höhlenzeichnungen. Loderndes Feuer diente der Sicherung der Eingänge.

**1** Warum war das Feuer für die Menschen so wichtig? Schreibe die Gründe.

Das Feuer brachte Licht und Wärme in die Höhlen. Es half bei . . . ✎

**2** Im Text findest du viele Substantive, die mit dem Wortbaustein -ung enden. Stelle sie so zusammen:

die Entdeckung – entdecken, . . . ✎

**3** Bilde mit diesen Verben Substantive mit dem Wortbaustein -ung :

nutzen – versorgen – beachten – bemerken – schenken vergeben – begrüßen – erfahren – mitteilen – genesen

Der Advent fällt in die dunkelste Zeit des Jahres. Die Tage sind kurz, die Nächte sehr lang. In dieser Zeit sehnen sich die Menschen nach Licht und Wärme. Deshalb entzünden sie Kerzenlichter.

Tragt in die Welt ein Licht

Text und Melodie:
Wolfgang Longardt

Tragt in die Welt nun ein Licht. Sagt al - len:
„Fürch - tet euch nicht." Gott hat euch lieb, groß und
klein. Seht auf des Lich- tes Schein!

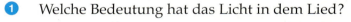

Tragt zu den Kranken ein Licht.
Sagt ihnen: „Fürchtet euch nicht!"
Gott hat euch lieb, groß und klein.
Seht auf des Lichtes Schein!

Tragt zu den Kindern ein Licht.
Sagt allen: „Fürchtet euch nicht!"
Gott hat euch lieb, groß und klein.
Seht auf des Lichtes Schein!

**1** Welche Bedeutung hat das Licht in dem Lied?

**2** Schreibe weitere Strophen zu dem Lied.

**3** Stellt alle Strophen zusammen und singt sie.

**4** Bastelt euch einen Kerzenständer in Sternform und steckt die Kerze hinein.

**5** Zündet nacheinander eure Kerzen an und tragt sie einzeln ganz still zu einem großen Stern zusammen.
Setzt euch leise um den Stern herum und betrachtet eine Weile das Licht.

**6** Schreibe, was du beim Betrachten des Lichtes empfunden und gedacht hast.

*zu einem Lied weitere Strophen schreiben;*
*Gestaltungsaufgabe: Lichterstern; Stilleübung*

Hier findest du die Idee für einen außergewöhnlichen
Adventskalender. Er heißt *Sonne der guten Wünsche*.
An jedem Tag im Advent entrollt diese Sonne einen Strahl mit
einem guten Wunsch für Menschen.

**1**   Wem gelten die Wünsche?
        Stellt sie möglichst passend zusammen.

| |
|---|
| – den hungernden Menschen |
| – den heimatlosen Menschen |
| – den obdachlosen Menschen |
| – den einsamen Menschen |
| – den behinderten Menschen |
| – den kranken Menschen |
| – den traurigen Menschen |
| – den ängstlichen Menschen |
| – allen Menschen |

| |
|---|
| – Frieden |
| – eine rasche Genesung |
| – gute Freunde |
| – viel Lebensmut |
| – Trost und Fröhlichkeit |
| – Brot |
| – ein Dach über dem Kopf |
| – Mut und Selbstvertrauen |
| – ein neues Zuhause |

**2**   Schreibe die Wünsche so:

Wir wünschen den hungernden Menschen Brot.
Den obdachlosen Menschen wünschen wir . . .

> Sätze können mehrere Ergänzungen haben. Mit der
> *Wem-Frage* bestimmen wir die *Wem-Ergänzung*.

**3**   Unterstreiche in den Sätzen die Wem-Ergänzung und die
        Wen-/Was-Ergänzung mit unterschiedlichen Farben.

**4**   Sucht und formuliert weitere Wünsche und gestaltet den
        Adventskalender.

Brot.

Wir wünschen allen Menschen Frieden.

Freunde.

Licht und Wärme für die Menschen

# Weihnachtszeit

*Wie der Weihnachtsstern seine Farbe bekam*

Es gab eine Zeit, da hatte der Weihnachtsstern noch keinen Namen.
Er sah das ganze Jahr hindurch grün aus. Darüber war er nicht
glücklich. Das farbenfrohe Aussehen der übrigen Pflanzen machte
ihn traurig. „Niemand mag mich ansehen", seufzte er. „Ich habe
wohl keine besondere Gabe. Früchte trage ich nicht, und meine
Blätter sind nicht einmal als Tee genießbar. Alle Menschen sehen
an mir vorbei."
Da kamen auf einem Esel ein Mann und eine Frau mit einem Kind
auf dem Arm an dem unansehnlichen Strauch vorbei. Sie machten
eine lange, erholsame Rast. Der Strauch strengte sich an, ihnen in
ihrer Umgebung möglichst viel Schatten zu spenden. Nach der
Ruhepause betrachtete die Frau hingebungsvoll den Strauch. Sie
dankte ihm für den erholsamen Schatten. Dem Strauch stieg bei
dem Lob eine unübersehbare Röte ins Gesicht. Seitdem färben sich
Blätter dieses Strauches jedes Jahr zur Weihnachtszeit wie rote
Sterne.

**1** Wie erklärt dieser Text die Farbe des Weihnachtssterns?

**2** Schreibe die Geschichte ab.

**3** Unterstreiche alle Wörter, die mit den Wortstämmen
geb/gab und seh/sah gebildet werden.

**4** Stelle die Wortfamilien *sehen* und *geben* zusammen und
ergänze sie.

**5** Erfinde eine Geschichte:
*Wie der Tannenbaum zum Weihnachtsbaum wurde*

*Wortfamilie als Gruppe von Wörtern mit einem gemeinsamen Wortstamm*

Der finnische Weihnachtsmann wohnt im höchsten Norden Lapplands, gleich am Polarkreis. Hier ist die Adresse des finnischen Weihnachtsmannes:

Der Weihnachtsmann
Joulupukki
Maarkunta Katu 10
SF-96930 Rovaniemi
Finnland

**1** Schreibe einen Brief an den finnischen Weihnachtsmann und erzähle ihm darin von dir.

**2** Im finnischen Weihnachtsland hat der Weihnachtsmann viele Wichtel als Helfer.

| | |
|---|---|
| Napsu ist der Post-wichtel. Er wohnt im Handwerkerdorf des Weihnachtsmannes. Napsu möchte am liebsten jeden Brief lesen, den die Kinder aus aller Welt an den Weihnachts-mann schreiben. Er ist so neugierig und . . . ✎ | Mänki ist der Glasbläserwichtel. Er lebt in der nördlichsten Glashütte der Welt. Natürlich versteht er auch etwas von der Glaserstellung und hat dazu immer wieder neue Ideen. Wenn allerdings Besucher kommen, verkriecht er sich am liebsten; er ist ja so menschenscheu und . . . ✎ |

Schreibe die Wichteltexte ab und setze sie fort.

**3** Welche Wichtel arbeiten wohl noch im Weihnachtsland? Malt sie und schreibt passende Texte dazu.

**4** Hängt die Bilder und die Texte in eurer Klasse aus.

**5** Suche dir einen Wichtel aus. Gestalte ihn.
Schreibe den passenden Wichteltext als Schmuckblatt. Wenn du alles schön verpackst, hast du ein liebevolles Wichtelgeschenk.

Zur Erinnerung an die heilige Lucia feiert man in Schweden das Fest der Lichterkönigin. Lucia bedeutet die Leuchtende. Die älteste Tochter der Familie schmückt sich wie eine Braut. Sie zieht ein langes, weißes Kleid an, legt eine rote Schärpe um und setzt sich einen grünen Kranz mit brennenden Kerzen als Lichterkrone auf das Haar.

Am Morgen des Festtages weckt die Luciabraut die ganze Familie und trägt allen ein Frühstück ans Bett.

In Irland stehen am Heiligen Abend auf allen Fensterbänken brennende Kerzen.

Die Kerzen sollen den Menschen, die in dunkler Nacht unterwegs sind, zeigen, daß sie in diesem Haus gastfreundlich aufgenommen werden. Zu Ehren des Christkindes darf immer das jüngste Kind die Fensterlichter anzünden.

In Polen drücken sich am Heiligen Abend die Kinder die Nasen an den Fensterscheiben platt und warten gespannt auf den ersten Stern am Himmel. Die Familie versammelt sich um den reich gedeckten Tisch.

Zu Beginn des Festmahles dürfen alle von einem dünnen Brotfladen, dem Oplatek, ein Stückchen essen. Der Oplatek zeigt ein Bild von Maria, Josef und dem Jesuskind. Am Tisch bleiben zwei Plätze frei, denn es könnte ja sein, daß Maria mit dem Jesuskind zu Besuch kommt.

❶ Sprecht über Weihnachtsbräuche in den verschiedenen Ländern Europas. Vergleicht sie mit den Bräuchen in Deutschland.

❷ Informiert euch über Weihnachtsbräuche in weiteren Ländern.

Nach dem Festessen und
der Mitternachtsmesse
treffen sich in Spanien in
der Weihnachtsnacht die
Menschen auf großen
Plätzen und feiern ein
fröhliches Weihnachtsfest.
Auf den Plätzen brennen
schöne, große, wärmende
Feuer.
Musikanten spielen
fröhliche Weihnachtslieder
auf ihren Instrumenten.
Jung und Alt klatschen
dazu oder tanzen um das
Feuer herum.

Am frühen Weihnachts-
morgen finden die Kinder
in England ihre Geschenke
in aufgehängten Strümpfen.
Die Strümpfe wurden von
Santa Claus in der Nacht
gefüllt.
Kleine Kinder glauben,
Santa Claus sei in der Nacht
durch den Schornstein in
die Wohnstube gerutscht.
In vielen Familien wird
heute ein Weihnachtsbaum
aufgestellt. Oft werden
Mistelzweige als Friedens-
symbole über die
Türrahmen gehängt.

In Italien erhalten die
Kinder ihre Weihnachts-
geschenke erst am 6. Januar.
Viele Kinder glauben, daß
die Dreikönigshexe Befana
durch Kamine und Türen
ins Haus gelangt und
Schuhe und Strümpfe mit
Geschenken füllt.
Manche Kinder schreiben
ihre Weihnachtswünsche
auch an Bambinello, das
heißt Jesuskind.
Seine Anschrift ist:
Santa-Maria-Aracoeli-
Kirche
Kapitol
Rom

**1** Schreibt Texte von den Weihnachtsbräuchen in anderen
Ländern.
Ihr könnt auch Lieder, Spiele und Rezepte aufnehmen.

**2** Stellt gemeinsam ein Leporello her zum Thema
*Weihnachten in aller Welt*.

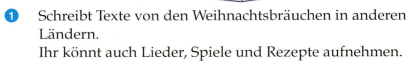

*ein Leporello zusammenstellen und gestalten: Weihnachtsbräuche in aller Welt*

# Tiere im Winter

Diktat üben
105 Wörter

**1** Welche Tiere sind hier abgebildet?
Berichtet, was ihr über sie wißt.

**2** Wie bereiten sich die Tiere auf den Winter vor?
Lies den Text aufmerksam und notiere das Wichtigste in
Stichwörtern.

*Was machen die Tiere, wenn es kalt wird?*

Das Reh bekommt ein dickes Fell. Unter den harten
Deckhaaren wachsen weiche, warme Wollhaare. Den Vögeln
wächst ein dichteres Gefieder, das sie aufplustern, um die
eisige Kälte abzuhalten. Manche Tiere bekommen ein weißes
Winterkleid, damit sie in der Winterlandschaft gut getarnt
sind. Einige Tiere legen sich einen reichhaltigen Wintervorrat
an. Die Feldmaus vergräbt reife Haselnüsse. Der Maulwurf
speichert lebendige Regenwürmer. Das Eichhörnchen
versteckt unzählige Eicheln.
Viele Säugetiere wie der Igel, das Murmeltier, der
Siebenschläfer, der Hamster und die Fledermaus fressen sich
voll. Sie sind dann dick und rund. Die Fettschicht schützt
ihren Körper vor Hunger und Kälte.

**3** Vergleicht eure Notizen und besprecht sie.

**4** Schreibe den Text. Unterstreiche die Adjektive.

**5** Übertrage die Adjektive in eine Tabelle der Vergleichsstufen.
Fülle die Tabelle vollständig aus.

| Grundstufe | 1. Vergleichsstufe | 2. Vergleichsstufe |
|---|---|---|
| kalt | kälter | am kältesten |
| . . . ✐ | dicker | . . . ✐ |

*Sachnotizen; Vergleichsstufen; Diktat*

**1** Laß dich über eines der abgebildeten Tiere befragen.
Du darfst den Namen des Tieres nicht verraten.

*Frage – Antwort – Spiel*

Frage:     „Was frißt dein Tier?"
Antwort: „Es ist ein reiner Pflanzenfresser und kann nicht auf
                Vorrat fressen."
Frage:     „Wie bereitet sich das Tier auf den Winter vor?"
Antwort: „. . ."

**2** Schreibe je ein Rätsel zu einem Tier mit Winterfell,
Winterkleid, Gefiederwechsel, Wintervorrat, Fettschicht.
Verwende viele Adjektive.

*Eine kalte Geschichte*

Heute weht ein frostigkalter Wind. Die Blaumeise plustert ihr
naßkaltes Gefieder auf. Das Eichhörnchen vergräbt in der
feuchtkalten Erde Eicheln. Die Fledermaus jagt vor der
naßkalten Höhle Insekten. Weil es bitterkalt ist, schlüpft der
Schneehase trübsinnig in seine Kuhle. In der eisigkalten
Witterung wärmt nur sein kuscheligwarmes Winterfell.

**3** Suche die zusammengesetzten Adjektive. Schreibe so:

frostigkalt – frostig und kalt, . . . ✎

**4** Schreibe die Geschichte so um:

Heute weht ein frostiger, kalter Wind. Die . . . ✎

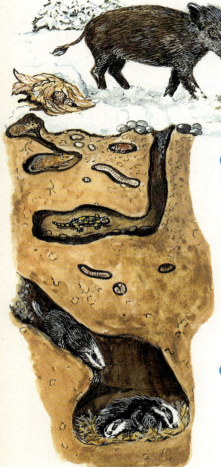

**1** Wie gelingt es den Tieren, den Winter zu überstehen?

Wenn es kälter wird und Schnee liegt, ist es für viele Tiere schwer, Futter zu finden. Hungernde Eulen fangen braune Mäuse, die sich aus ihren dunklen Löchern herauswagen. Die Krähe sucht ihr karges Futter in dem von Wildschweinen aufgewühlten Boden.
Manche Tiere, wie der Siebenschläfer, machen einen langen Winterschlaf. Andere, wie der Dachs, das Eichhörnchen und der Hamster, halten an kalten Tagen Winterruhe. Kröten, Salamander und Insekten fallen in Winterstarre.

**2** Schreibe über Tiere, die im Winter aktiv sind.
Verwende kennzeichnende Adjektive. Schreibe so:

Hungrige Eulen fangen braune Mäuse. Das borstige Wildschwein wühlt im gefrorenen Boden. Die schwarze Krähe . . . ✐

**3** Schreibe auch über Tiere, die Winterruhe oder Winterschlaf halten oder in Winterstarre fallen.

**4** Legt euch Informationskarten an.

| buschig |
|---|
| fett |
| graubraun |

* Siebenschläfer
* Fettschicht
* Winterschläfer

| spitz |
|---|
| scharf |
| lang |
| dicht |
| rund |

* Feldmaus
* Wintervorrat
* im Winter aktiv

| dünn |
|---|

**5** Beschreibe das Aussehen der Tiere. Schreibe so:

Der Siebenschläfer hat ein graubraunes, dichtes Fell. Sein Schwanz ist lang und buschig. Die Krallen . . . ✐

**1** Manche Tiere sind im Winter kaum auffindbar.
Was erfahrt ihr über sie in diesem Text?

*Kältestarre oder Winterstarre*

Die Haut vieler Tiere besitzt keinen ▬▬ Wärmeschutz. Die
Körpertemperatur dieser ▬▬ Tiere ändert sich mit der
Außentemperatur. Bei ▬▬ Kälte erschlaffen ihre Kräfte. Sie
suchen im Herbst ▬▬ Schlupfwinkel. Wenn die Temperatur
weiter sinkt, fallen sie in eine ▬▬ Kältestarre oder
Winterstarre. Weinbergschnecken verkriechen sich unter ▬▬
Laub. Sie verschließen ihr Gehäuse mit einem ▬▬ Deckel.
Spinnen überwintern im ▬▬ Erdboden, hinter Baumrinden
oder in Häusern. Kröten graben sich im ▬▬ Schlamm von
Teichen ein. Molche oder Kröten überwintern in ▬▬
Erdhöhlen. Schlangen oder Eidechsen verbringen ▬▬ den
Winter ebenfalls in Erdhöhlen. Käfer und andere Insekten
können als Ei, Larve, Puppe oder als ▬▬ Insekt überwintern.

| |
|---|
| ausreichend |
| wechselwarm |
| zunehmend |
| geschützt |
| todesähnlich |
| modrig |
| kalkig |
| warm |
| morastig |
| dunkel |
| erstarrt |
| fertig |

**2** Lest den Text. Setzt die passenden Adjektive ein.

**3** Schreibe den Text ab. Unterstreiche die Adjektive.

**4** Einige Adjektive stammen von einem Verb ab. Erkläre sie so:

ausreichend  – der Wärmeschutz reicht aus
wechselwarm – die Körpertemperatur wechselt von warm
zu kalt
zunehmend  – . . . ✎

**5** Schreibe den Text um. Schreibe so:

Die Haut vieler Tiere besitzt keinen Wärmeschutz,
der ausreicht. Die . . . ✎

Reh

Fuchs

Hase

Wiesel

Eichhörnchen

Maus

Vogel

Wildschwein

**1** An der Futterstelle könnt ihr viele frische Spuren entdecken.
Erzählt zu den Spuren Geschichten.

**2** Zeichne und schreibe Spurengeschichten.

**3** Beschreibe die Fußspuren der einzelnen Tiere mit passenden
Adjektiven.
Wörterkartei und Wörterliste helfen dabei.

Maus       winzig, fein, klein,
dünn, lang, rund

Die Fußspuren der Maus sind winzig. Zwischen den runden
Tritten der kleinen Zehen ist ein feiner Strich.
Er stammt von dem langen, dünnen Schwanz.

*An der Futterstelle*

Das Reh frißt Heu. Der Fuchs jagt Eichhörnchen. Der Hund
beschnuppert die Fußspuren. Der Hase schlägt Haken.
Das Wiesel verfolgt Hasen.
Das Eichhörnchen sucht Nüsse. Die Maus knabbert Körner.
Die Eule fängt Mäuse. Das Wildschwein sucht Eicheln.
Der Förster bringt Futter.

**4** Stelle die Satzglieder um und schreibe den Text neu.

**5** Unterstreiche in allen Sätzen den Satzgegenstand, die Satzaussage und die Wen-/Was-Ergänzung verschiedenfarbig.

*Spurengeschichten erzählen und schreiben; Funktion des Adjektivs;*
*Satzgegenstand; Umstellprobe mit Wen-/Was-Ergänzung*

Rotkehlchen · Buchfink · Kohlmeise · Sperling · Amsel · Kleiber · Dompfaff (Gimpel) · Grünfink · Zaunkönig · Wacholderdrossel · Kernbeißer · Zeisig

**①** Beschreibt die Vögel. Was fressen sie?

**②** Sprecht über den Text.

*Vogelfütterung im Winter*

Den Standvögeln richten wir eine Futterstelle ein. Den Vögeln geben wir erst Futter, wenn sie nichts mehr finden. Unseren Futterstellen geben wir Schutz durch Bäume und Sträucher. Den Samenfressern bieten wir Hirse, Weizen und sonstige Sämereien an. Den Körnerfressern legen wir Sonnenblumen-kerne, Kürbiskerne und Mischfutter an die Futterstelle. Den Weichfutterfressern helfen wir mit getrockneten Beeren, Rosinen und Haferflocken in Fett. Den Amseln geben wir ganze Äpfel. Den Meisen helfen wir mit Meisenringen.

**③** Schreibe den Text ab.
Unterstreiche die Wem-Ergänzung.

**④** Schreibe den Text um.
Setze die Wem-Ergänzung an eine andere Stelle.

Wir richten den Standvögeln eine Futterstelle ein.
Wir geben . . . 🖉

**⑤** Unterstreiche im umgestellten Text die Wem-Ergänzung und die Wen-/Was-Ergänzung mit verschiedenen Farben.

An diesem Schneemann
sind lauter Sachen,
die Vögel gerne fressen.

*Bauanleitung für den Schneemann*

Du brauchst: viel Schnee,
1 Möhre, große und
kleine Äpfel, Backpflaumen
, Mischfutter,
Meisenringe, Meisenknödel
, 2 lange und viele kleine
Stöcke.

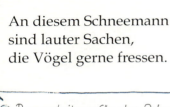

**1** Male und beschrifte den Schneemann.

**2** Schreibe eine Bauanleitung für den Schneemann.

**3** So kannst du einen Meisenknödel für deinen
Schneemann herstellen.

| Ich | erwärme | 350 g Rindertalg. | | |
|---|---|---|---|---|
| ich | knete | 200 g Sonnenblumenkerne<br>50 g getrocknete Beeren<br>100 g Paniermehl | in den Talg | hinein |
| ich | forme | aus dem Brei | einen Knödel | |
| ich | stecke | den Knödel | in ein Mandarinennetz | |
| ich | hänge | den Meisenknödel | an den Arm des Schneemanns | |

**4** Stelle die Satzglieder so um, daß nur der erste Satz mit
*ich* beginnt. Schreibe das Rezept auf.

*Frederick, der Mäusepoet*

In einer alten Steinmauer wohnte eine Familie schwatzhafter
Feldmäuse. Es wurde bald Winter, und alle Mäuse sammelten
Vorräte, außer Frederick. Er sammelte Sonnenstrahlen, Farben
und Wörter. Ärgerlich beobachteten die anderen Feldmäuse
sein Tun. Als Schnee fiel, zog sich die Mäusefamilie in ihr
Nest zurück. Bald waren alle Vorräte aufgebraucht, und es
war kalt. Alle waren traurig.
Da erzählte Frederick von der Sonne, von blauen Kornblumen
und roten Mohnblumen im gelben Kornfeld. Den Mäusen
wurde es warm, und sie sahen bunte Farben. Aus den
Wörtern machte Frederick ein Gedicht.

Leo Lionni nacherzählt

„Vier kleine Feldmäuse wie du und ich
wohnen im Himmel und denken an dich.
Die erste ist die Frühlingsmaus,
die läßt den Regen lachen.
Als Maler hat die Sommermaus
die Blumen bunt zu machen.
Die Herbstmaus schickt mit Nuß und Weizen
schöne Grüße.
Pantoffeln braucht die Wintermaus
für ihre kalten Füße.
Frühling, Sommer, Herbst und Winter
sind vier Jahreszeiten,
keine weniger und keine mehr.
Vier verschiedene Fröhlichkeiten."

Leo Lionni

❶   Lest und spielt die Geschichte.

❷   Schreibe den Text in der Gegenwart.

❸   Teilt die Geschichte in Szenen ein.

❹   Schreibt zu jeder Szene Rollentexte. Im Rollentext gibt es
einen Erzähler, Monologe und Dialoge.

❺   Sprecht und spielt eure Texte.

❻   Gestalte das Gedicht von Frederick als Schmuckblatt.

# Was ich einmal werden möchte

Beate und Rolf interessieren sich sehr für Pflanzen. Sie beobachten, wie sie wachsen, blühen und sich vermehren. Sie wissen von vielen Pflanzen, was diese brauchen und was ihnen schadet. Am liebsten möchten Beate und Rolf einen Beruf haben, in dem sie mit Pflanzen umgehen können.

**❶** In welchen Berufen spielen Pflanzen eine große Rolle?

**❷** Wie stellst du dir die Arbeit in diesen Berufen vor?
Wähle einen Beruf aus und schreibe darüber.

*Die Gärtnerin*
Die Gärtnerin arbeitet in einer Gärtnerei. Sie . . . ✏

*Der Florist*
Der Florist arbeitet in einem Blumengeschäft. Er . . . ✏

**❸** Was möchtest du einmal werden? Schreibe auf, wie du dir die Arbeit in deinem Wunschberuf vorstellst.

**❹** Fast alle Berufe können von Frauen und Männern ausgeübt werden. Lege eine Tabelle an.

| weiblich | männlich |
|---|---|
| die Gärtnerin | der Gärtner |
| die Ingenieurin | der Ingenieur |
| . . . ✏ | . . . ✏ |

**❺** Bilde zu den weiblichen Berufsnamen die Mehrzahl:

die Erzieherin – die Erzieherinnen, . . . ✏

**❶** Welche Berufe könnten diese Kinder wohl interessieren?
Stellt Vermutungen über ihre Gründe an.

* will gerne praktisch arbeiten
* geht sicher mit Zahlen und Maßen um
* kann gut und sehr genau zeichnen
* will gerne selbst etwas konstruieren

**❷** Berufe erfordern unterschiedliche Fähigkeiten.
Wählt einige Berufe aus und überlegt in Gruppen, welche
Fähigkeiten man für diese Berufe braucht.
Stellt eure Ergebnisse schriftlich zusammen.

**❸** Bis man einen Beruf ausüben kann, muß man lange lernen.
Vergleicht die Ausbildungszeiten.

| Schreiner/in | technische/r Zeichner/in | Ingenieur/in |
|---|---|---|
| 4 Jahre Grundschule | 4 Jahre Grundschule | 4 Jahre Grundschule |
| 5 Jahre Hauptschule | 6 Jahre Realschule | 9 Jahre Gymnasium |
| 3 Jahre Ausbildung im Beruf und in der Berufsschule | 2–3 Jahre Fachschule | 5 Jahre Studium an der Universität |

**❹** Keine Schulart führt in eine Sackgasse. Nach jedem
Schulabschluß gibt es eine neue Chance für die Ausbildung.
Erkundigt euch bei der Schulleitung.

**❺** Erkundigt euch nach den Ausbildungsgängen und
Ausbildungszeiten einiger Berufe. Notiert die Ergebnisse.

---

*etwas begründen; Gesprächsergebnisse dokumentieren;
Informationen vergleichen*

**1** In welchen Schulen könnten diese Fotos aufgenommen sein? Begründet.

**2** Erkundigt euch, was man in den verschiedenen Schularten lernt und was euch Neues erwarten könnte.
Fragt ältere Kinder und stellt eure Ergebnisse zusammen.

**3** Bereitet einen Besuch in einer weiterführenden Schule vor. Stellt Fragen zusammen.

    &ast; Was ist anders als in der Grundschule?
    &ast; Welche Fächer werden dort unterrichtet?
    &ast; Wieviele Lehrer und Lehrerinnen unterrichten in einer Klasse?
    &ast; ...✎

**4** Schreibt gemeinsam einen Brief an die Schulleitung der Schule, die ihr besuchen möchtet.

```
Fröbel-Grundschule                    Freiburg, den ...
Klasse 4a

An die
Schulleitung des Hegel-Gymnasiums
Frau Oberstudiendirektorin Dr. Müller
Hermann-Hesse-Straße 34-36

79104 Freiburg


Sehr geehrte Frau Dr. Müller,

unsere Klasse möchte gerne Ihre Schule besuchen.
Wir bitten Sie um einen Termin. In Ihrer Schule
möchten wir ...✎
```

| Sabine: | „Gibt es in dieser Schule auch das Fach Heimat- und Sachunterricht?" |
| Frau Dr. Müller: | „Nein, dieses Fach gibt es bei uns nicht mehr." |
| Sabine: | „Lernt man dann nichts mehr über Pflanzen und Tiere?" |
| Bernd: | „Und nichts über früher und nichts über andere Länder?" |
| Sabine: | „Und nichts darüber, wie man schwere Lasten leicht befördern kann oder wie man heute Nachrichten übermittelt?" |
| Frau Dr. Müller: | „Doch, aber das lernen unsere Schülerinnen und Schüler in den Fächern Erdkunde, Geschichte, Biologie und Physik." |

**1** Könnt ihr euch vorstellen, was man in den einzelnen Fächern lernt?

**2** Lest die Fächerbeschreibungen genau. Was wird gelehrt?

| *Erdkunde:* | Das Fach vermittelt Kenntnisse über das eigene Land und über fremde Länder: Landschaften, Bodenschätze, Wirtschaft, Lebensformen. |
| *Geschichte:* | Gelehrt wird, wie das Leben früher war, wie Menschen ihr Zusammenleben organisierten, wie die Völker miteinander umgingen, wie ihre Kulturen sich entwickelt haben. |
| *Biologie:* | Biologie ist die Lehre vom Leben der Pflanzen, der Tiere und des Menschen. |
| *Physik:* | Hier werden Naturgesetze erklärt. Man lernt etwas über die Wirkung von Hebeln und Rollen, über den Schall, das Licht und auch über das Weltall. |

**3** Schreibe auf, was du in diesen Fächern lernst.

In Erdkunde lerne ich . . .

**4** Stellt eine kleine Fächerkunde über die Fächer der weiterführenden Schulen zusammen.

**5** Spielt das Gespräch zwischen der Schulleiterin und den Kindern weiter.

**6** Schreibe das Gespräch auf.

# Von der Arbeit

Die Künstlerin
Heike Steinmüller
hat in ihrem
Materialbild
viele Berufe
dargestellt.

**1** Betrachtet das Bild. Wie könnte das Thema lauten?

**2** Wähle einen Beruf aus dem Bild aus.
Stelle ihn pantomimisch dar. Lasse raten.

**3** Welchen Beruf beschreibt der Text?

Diktat üben
106 Wörter

Meine Arbeit übe ich hoch oben in den Wolken aus. Dort bin ich Wind, Regen und Sonne ausgesetzt. Ich trage viel Verantwortung. Wenn ich anderen Gedanken nachhänge, bin ich eine Gefahr für die Menschen auf dem Bau. Nach langer Konzentration freue ich mich auf eine kurze Pause. Die Gemeinschaft und die Kameradschaft mit den anderen tut gut. Giovanni, der Italiener, hat viel Humor. Pallas, der Grieche, macht immer Spaß.
Als Führer eines Baugerätes versorge ich die Handwerker mit Steinen und Stahl. Weit unter mir sehe ich den Versicherungsbau, die Schule, die Tankstelle und das Krankenhaus. Am Abend gehen der Türke Ali und ich gemeinsam nach Hause.

**4** Schreibe den Text ab. Unterstreiche alle Substantive.

**5** Mit den Wortbausteinen | -ig | | -lich | | -los | | -isch |
kannst du aus Substantiven Adjektive bilden. Schreibe so:

die Arbeit – arbeitslos, die Wolken – wolkenlos, wolkig . . . ✐

*Spielregel „Heiteres Beruferaten"*

Vier Kinder befragen eine Schülerin oder einen Schüler über den
Beruf des Vaters, der Mutter oder eines anderen Verwandten. Die
Fragen werden nur mit „ja" oder „nein" beantwortet. Jedes Kind
darf solange fragen, bis die Antwort „nein" lautet.

**1** Spielt das Spiel. Schreibt alle erratenen Berufe auf.

**2** Manche Arbeitsplätze haben etwas gemeinsam.
Überlegt, wie ihr sie ordnen könnt.

**3** Gestaltet gemeinsam eine große Wandzeitung.

*Arbeitsplätze in unserem Ort und unserer Umgebung*

| Land- und Forstwirtschaft Garten- und Weinbau | Handwerk | Industrie | Dienstleitung |
|---|---|---|---|
|  |  |  |  |
| *Arbeitsstätte:* Wald | *Arbeitsstätte:* Metzgerei | *Arbeitsstätte:* Fabrik | *Arbeitsstätte:* Rathaus |
| *Arbeitgeber:* Staat, Gemeinde oder Privatleute | *Arbeitgeber:* Handwerk, Industrie oder Privatleute | *Arbeitgeber:* Industrie | *Arbeitgeber:* Gemeinde |
| *Beruf:* Forstwirt/in | *Beruf:* Metzger/in/ | *Beruf:* . . . ✏ | *Beruf:* . . . ✏ |
| *Tätigkeiten:* Wald hegen und pflegen | *Tätigkeiten:* . . . ✏ | | |
| *Beruf:* Förster/in | | | |
| *Tätigkeiten:* . . . ✏ | | | |
| *Beruf:* . . . ✏ | | | |

**4** Ergänzt eure Wandzeitung mit Besonderheiten aus dem
Arbeitsleben eures heimatlichen Raumes.

| alte Handwerkstechniken | erhaltene Handwerksbräuche |
| besondere Arbeitsstätten |

**5** Auch Schule ist Arbeit. Schreibe zu diesem Thema.
Denke dabei auch an Stundenplan, Schulfächer,
Hausaufgaben, Anstrengung, Vergnügen.

*Färberwaid*

**Färberwaid** (Deutscher Indigo): Kreuzblumengewächs der Gattung Waid. Höhe bis 140 cm, verbreitet im Mittelmeerraum bis Zentralasien, in Mitteleuropa an Wegen und Schutthalden zu finden; gelbe Blüten in dicht verzweigten Blütenständen, lanzettenförmige, blaugrüne Blätter, einsamige Früchte in Schötchen hängend. Wurde früher zur Gewinnung des Farbstoffes Indigo angebaut. Die blaue Farbe wurde aus den Blüten gewonnen.

**1** Welchem Berufsstand hat diese Pflanze genützt?

**2** Welche weiteren Färbemittel aus der Natur sind euch bekannt?

Diktat üben
111 Wörter

Bis zur Mitte des letzten Jahrhunderts war farbiges Tuch beinahe unerschwinglich. Die Färbemittel gewann man durch Ausquetschung färbender Stoffe aus Tieren und Pflanzen. Die Gewinnung und die Verarbeitung der Farbstoffe war harte Arbeit. Ein besonders berühmter Farbstoff zur Färbung von Blautönen war der Färberwaid. Seine Entdeckung und Nutzung führte zur Gründung eines neuen Berufsstandes. Die älteste Beschreibung und Anleitung des Blaufärbens mit Waid stammt aus dem Jahre 300 und wurde bei Ausgrabungen in Ägypten gefunden. Die Färbemethode erfuhr über die Jahrhunderte nur geringe Veränderungen. Die meisten Lieferungen an die Tuchmacherplätze Europas kamen aus Sachsen und Thüringen. Der Waidanbau hatte hohe wirtschaftliche Bedeutung.
Dies ist alles Vergangenheit. Alte Färbemethoden gerieten in Vergessenheit.

**3** Welche Bedeutung hatte die Entdeckung und Nutzung des Färberwaids?

**4** Schreibe alle Substantive mit den Wortbausteinen -ung und -heit heraus.
Schreibe die passenden Verben dazu.

Ausquetschung – ausquetschen
Färbung – färben
. . . 🖉

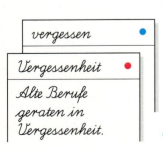

vergessen •
Vergessenheit ●
Alte Berufe geraten in Vergessenheit.

**5** Ergänze mit diesen Wörtern deine Wörterkartei.

In den letzten 10 Jahren erlebte das Färben mit Naturfarbstoffen eine neue Blüte.

*Färben von Schafwolle mit Naturfarben von einheimischen Pflanzen*

| Pflanze | verwendete Teile der Pflanze | Farbton |
|---|---|---|
| Walnuß | Blätter, grüne Hüllen der Nußschale | dunkelbraun |
| Fichte | alte Zapfen | herbstbraun |
| Efeu | Beeren | olivgrün |
| Eiche | Rindenabfälle in Wasser einweichen und 2–3 Stunden kochen | gelbbraun |
| Zwiebel | Schalen | hellgelb |

**1** Besprecht die Tabelle. Ergänzt sie.

**2** Lege dir ein Heft *Färben mit Naturfarben* an. Benutze die Tabelle.

Ich verwende Blätter oder grüne Hüllen der Walnußschale.

Ich nehme das frische, grüne Kraut der Möhre.

*Herstellen des Farbstoffs (der Färbflotte) für 100 g Wolle*

1. Färbepflanzen zerkleinern
2. 400 g abwiegen, bei getrockneten Pflanzen 200 g
3. in Wasser einweichen
4. auf 100° erhitzen, eine Stunde lang kochen
5. auf 20° abkühlen
6. durch ein Tuch filtern
7. gut auspressen
8. Farbsud auf 4 l Wasser auffüllen

*Färben für 100 g Wolle*

1. Wolle in Färbflotte legen
2. langsam auf 100° erhitzen
3. bei 100° eine Stunde kochen
4. abkühlen lassen auf 20°
5. Wolle herausnehmen und über der Färbflotte abtropfen lassen
6. mehrmals klarspülen, Wassertemperatur 20°
7. abtropfen lassen
8. zum Trocknen aufhängen

**3** Schreibe zu jedem Arbeitsvorgang eine Arbeitsanleitung.

# Mädchen und Jungen

glücklich!

wütend

einsam

traurig

schüchtern

*Gefühle*

Lustige Lieder könnte ich singen,
vor Freude und Glück über Tische springen.
Späße und Streiche möchte ich machen,
über alles, alles könnte ich lachen.
Komm, laß dich umarmen, herzen und küssen!
Du wirst meine Freude teilen müssen.
Rühr mich nicht an! Es kocht in mir.
Ich platze vor Wut. Ich sage dir:
Wenn du mich anrührst, wird was passieren!
Ich könnte dem Kaktus die Stacheln rasieren.
Geh weg und laß mich endlich allein!
Ich kann jetzt mit keinem zusammen sein.

**1** Welche Gefühle werden in dem Gedicht beschrieben?

das war schon
dran – wütend

**2** Bildet zwei Gruppen.
Überlegt, wie ihr die gegensätzlichen Gefühle
darstellen könnt.
Spielt das Gedicht pantomimisch.

**3** Stellt Gefühle pantomimisch dar.

ungeduldig

?

**4** Schreibe von deinen Gefühlen.

Wenn ich fröhlich bin, dann fange ich an zu lachen.
Wenn ich ängstlich bin, . . . 🖉

**5** Wähle ein Thema aus und schreibe dazu
eine Geschichte.

*Als ich mich einmal wunderbar gefühlt habe*
*Als ich mich einmal schlecht gefühlt habe*

**6** Es gibt Situationen, in denen man sich besonders wohl fühlt,
und Situationen, in denen man sich besonders schlecht fühlt.
Sprecht darüber.

*Dein Gewissen sagt: TU'S NICHT!*

 *siehst Du?*

THOMAS, IST DAS DEIN FLIEGER ?

*schluck*

*Sie hat mich erwischt.*　　　　　　*Er schämt sich.*

*Mein Gesicht ist ganz heiß.*　　KOMM HER !　*Er geniert sich.*

*Hätte ich's doch nur nicht getan.*　　*Er fühlt sich schuldig.*

*Was wird sie jetzt machen ?*　　　　*Er hat Angst.*

**❶** Wer spricht hier mit wem?

**❷** Wie könnte die Geschichte weitergehen?
Besprecht sie und spielt sie mit verteilten Rollen.

**❸** Zeichne und schreibe die vollständige Geschichte.

Lieber Peter,

ich habe Mama von uns erzählt und ihr gesagt, daß wir uns
mögen. Von dem Freundschaftsring habe ich ihr aber nichts
erzählt. Das bleibt unser Geheimnis. Klaus weiß von unserer
Freundschaft. Er droht mir jetzt. Wenn ich nicht tue, was er
will, erzählt er in der ganzen Schule, daß wir verliebt sind.
Ich habe Angst. Soll ich jemandem davon erzählen?
Was meinst Du?
　　　　　Deine Susi

**❹** Denkt gemeinsam über den Brief nach.
Was soll Susi tun?

**❺** Schreibe von guten und schlechten Geheimnissen.

| |
|---|
| Ich bastle ein Geburtstagsgeschenk für meinen Bruder und erzähle niemandem davon. |

| |
|---|
| In der Schule verlangt ein Kind Geld von mir und droht: „Du darfst keinem etwas sagen!" Ich erzähle meinen Eltern davon. |

*Die Zaubermauer*

Faßt euch an den Händen an und bildet einen Kreis. Zwei bis drei Kinder stehen außerhalb des Kreises und versuchen, die Zaubermauer zu öffnen. Dazu berühren sie die Kinder in der Mauer. Die Mauer öffnet sich nur bei angenehmen Berührungen. Gesprochen werden darf bei diesem Spiel nicht.

**1** Spielt das Spiel. Besprecht, was angenehm und was unangenehm war.

**2** Gefühle können sich körperlich äußern. Sprecht darüber. Sucht weitere Beispiele.

> Ich bekomme Herzklopfen.
> Ich kann mich vor Lachen kaum noch halten.
> Mir steigt die Röte ins Gesicht.
> Ich kriege eine Gänsehaut.
> Mir bleibt die Luft weg.

**3** Schreibe zu einem der Beispiele eine Geschichte.

**4** Lest und besprecht das Gedicht.

> Muß ich mir alles gefallen lassen?
> Darf jeder mich streicheln, mein Haar anfassen,
> mich an sich drücken, die Wangen tätscheln,
> mich ungefragt küssen und herzen und hätscheln?
> Wenn erwachsene Menschen zudringlich sind –
> darf ich mich wehren? Ich bin noch ein Kind.
> Doch weil ich das Tätscheln nicht leiden kann,
> sage ich deutlich: Faß mich nicht an!

**5** Versucht im Partnergespräch, diese Fragen zu beantworten:

> Habt ihr etwas Ähnliches erlebt?
> Was könnt ihr tun, wenn ihr solche Berührungen nicht wollt?
> Wie könnt ihr unangenehme Berührungen laut und deutlich ablehnen? Übt es ein.

*individuelle Erfahrungen problematisieren; Kreisspiel;
Verhaltensmuster einüben*

Die zehn Rechte der Kinder

1. Das Recht auf Gleichheit, unabhängig von Rasse, Religion, Herkunft und Geschlecht.
2. Das Recht auf eine gesunde geistige und körperliche Entwicklung.
3. Das Recht auf einen Namen und eine Staatsangehörigkeit.
4. Das Recht auf ausreichende Ernährung, auf Wohnung und ärztliche Betreuung.
5. Das Recht behinderter Kinder auf eine besondere Betreuung.
6. Das Recht auf Liebe, Verständnis und Fürsorge.
7. Das Recht auf kostenlosen Unterricht, auf Spiel und Erholung.
8. Das Recht auf sofortige Hilfe bei Katastrophen und Notlagen.
9. Das Recht auf Schutz vor Grausamkeit, Vernachlässigung und Ausnutzung.
10. Das Recht auf Frieden.

Die zehn Rechte der Kinder wurden am 20. November 1959 von der
Generalversammlung der Vereinten Nationen beschlossen.

**1** Überlegt, ob diese Rechte schon überall auf der Welt beachtet
werden.

**2** Sammelt Beispiele, wann Kinderrechte eingehalten oder ver-
letzt werden. Dokumentiert sie auf Plakaten.

**3** Manchmal können Kinder viel erreichen,
wenn sie gemeinsam für eine gute Sache eintreten.
Schreibt Beispiele in Stichwörtern.

**4** Wobei kann euch dieses Lied Mut machen?

Text: Volker Ludwig
Musik: Birger Heymann

Refrain:
Vie-le Kin-der frem-der Län-der sind in uns-rer Stadt zu-haus. Wir sind
Kin-der ei-ner Er-de, doch was ma-chen wir da-raus? Ih-re
Welt ist auch die uns-re, sie ist hier und ne-ben-an, und wir
wer-den sie ver-än-dern, kommt, wir fan-gen bei uns an! Vie-le
fan-gen bei uns an!

*einem Text Informationen entnehmen; über Kinderrechte nachdenken;*
*einander Mut machen; Beispiele in Stichwörtern notieren*

❶ Beobachtet in der großen Pause die Kinder.
Schreibt auf, wer welche Spiele spielt.

❷ Berichtet der Klasse, was ihr herausbekommen habt.
Besprecht folgende Fragen:

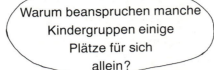

> Wird der Platz auf dem Schulhof fair zwischen Jungen und Mädchen geteilt?

> Warum beanspruchen manche Kindergruppen einige Plätze für sich allein?

> Was müßte man verändern?

❸ Setze die Gedanken fort und schreibe sie auf.

Manchmal wäre ich lieber ein Mädchen/ein Junge, denn dann … ✎
Ich bin gerne ein Mädchen/ein Junge, weil … ✎

❹ Sprecht über eure Gedanken. Haben Mädchen und Jungen verschiedene Interessen, Vorlieben, Moden, Verhaltensweisen und Vorbilder?

❺ Spielt *Pro und Contra* zu diesen Behauptungen:

> Mädchen sind tolle Spielpartner.

> Jungen haben die besten Spielideen.

> Mädchen können nicht verlieren.

> Jungen lassen keine Mädchen in ihren Freundeskreis.

∗ Bildet Gruppen und verteilt die Themen.
∗ Sammelt und notiert Argumente für *Pro und Contra*.
∗ Bereitet zwei Kurzvorträge vor.
∗ Bestimmt den Pro-Sprecher und den Contra-Sprecher.
∗ Stimmt in der Klasse vor und nach den Vorträgen darüber ab, ob die Behauptungen stimmen.
∗ Vergleicht die Abstimmungsergebnisse. Gab es Meinungsänderungen?

*eigene Meinung äußern und vertreten*

**❶** In vielen Märchen sind Männer die Helden.
Wie ist es hier?

 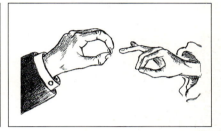

**❷** Schreibe ein Märchen zu den Bildern.

**❸** Welche Märchen kennt ihr, in denen auch Frauen die
Heldinnen sein könnten?

**❹** Lest das Märchen. Vergleicht es mit bekannten Märchen.

*Katy Knacknuß*
Lange ist es her, da lebten eine Königin und ein König. Des
Königs Tochter Anne war viel hübscher als Katy, seine Stief-
tochter. Die Kinder hatten sich lieb. Aber die eifersüchtige
Mutter wollte die Schönheit Annes zerstören. Sie schickte
Anne zur zauberkundigen Hühnerfrau. Die sollte Anne häß-
lich machen. Erst beim dritten Versuch gelang es ihr, Anne
einen Schafskopf zu zaubern. Die Schwestern flüchteten und
kamen zu einem Schloß. Der König dort hatte zwei Söhne.
Einer der beiden war todkrank. Der tapferen Katy gelang es
durch ihre Klugheit, von einem Elfenkind, das sie mit rollen-
den Nüssen ablenkte, einen Zauberstab und ein Zauber-
vöglein zu bekommen. Mit dem Zauberstab gelang es Katy,
ihrer Schwester Anne die Schönheit zurückzugeben. Das Vöglein heilte den Königssohn. Söhne und Töchter heirateten, sie
lebten glücklich und starben gut.

Englisches Märchen

**❺** Gestalte das Märchen mit Text und Bildern.

# Liebe zur Natur – Naturschutz

Der französische Maler
Claude Monet liebte die Natur.
Er pflanzte in seinem Garten
viele bunte Blumen und Kräuter.
Sein Garten war oft Vorbild
für seine Gemälde.

*Claude Monet (1840–1926):*
*Der Weg im Garten von Giverny*

**❶** Versetze dich in das Bild hinein und öffne deine Sinne.
Was kannst du wahrnehmen?

**❷** Was ist das Besondere an Monets Malkunst?
Besprecht den Text und vergleicht mit dem Bild.

Monet hat einmal den wunderbaren Eindruck von Wasser
gemalt, das die feurige Sonne lautlos spiegelt. Dieses Bild
nannte er Impression. Impression ist das französische Wort
für Eindruck. Deshalb wurde Monet der Eindrucksmaler
genannt. Er malte seine Eindrücke mit Farbflecken, die
glitzrig, glimmrig, melodisch und lebendig waren, so als
bewege sich etwas im Bild. Die Leute sagten, Monets Bilder
seien viel zu farbig und verschwenderisch, schludrig, kleck-
sig, seltsam und bedeutungslos, einfach unmöglich. Denn es
war damals Mode, ganz deutlich, gleichmäßig und naturali-
stisch zu malen. Solche kritischen Äußerungen kümmerten
Monet nicht. Monet fing Augenblicke ein und malte sie.

**❸** Schreibe den Text ab.
Unterstreiche alle Wörter mit den Wortbausteinen

-ig    -lich    -sam    -bar    -isch    -los .

**❹** Aus welchen Wortarten sind die Adjektive gebildet?
Schreibe so:

wunderbar vom Substantiv Wunder, feurig vom . . . ✐

Viele Menschen lieben die Schönheit und Farbigkeit der Natur. Sie übernehmen gerne Verantwortung und setzen sich für die Erhaltung natürlicher Lebensgemeinschaften ein, oft nur in einem kleinen Stück Garten. Sie werben um Verständnis für die Wichtigkeit, auch mit kleinen Biotopen das Gleichgewicht in der Natur zu erhalten oder wiederherzustellen. Manche Leute aber zerstören die Natur. Das Naturschutzgesetz von Baden-Württemberg fordert:

„Seltene, in ihrem Bestand bedrohte und für den Naturhaushalt besonders bedeutsame Pflanzenarten sind an ihren Lebensstätten zu erhalten und zu schützen.
Pflanzen oder Teile der geschützten Arten abzupflücken, abzusägen oder auszugraben ist verboten."

**1** Wie können wir unsere Natur erhalten?

**2** Schreibe den Text ab. Unterstreiche alle Wörter mit den Wortbausteinen  -ung  -heit  -keit  -nis .

**3** Von welchen Wortarten sind diese Substantive gebildet? Schreibe so:

Schönheit vom Adjektiv schön, Farbigkeit vom . . .

**4** Naturschutz beginnt bei euch selbst.
Entwerft und gestaltet Plakate, die für den Naturschutz werben.

**5** Dieser Text macht auf die Artenvielfalt einer Wildblumenwiese aufmerksam. Löse die Bilderrätsel.
Schreibe und male den Text und setze ihn fort.

*Rittersporn*

*Hornklee*

*Hasenohr*

*Fingerkraut*

*Kuhnelke*

*Schlüsselblume*

*Wolfsmilch*

*Wiesen - Schaumkraut*

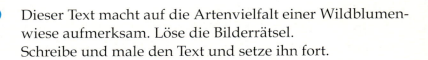

Ohne viel Pflege, aber mit viel ☀ und ausreichend 🌧
blüht im [August] die Wild 🌸🌼🌻🌿 . Dicht beieinander
stehen 🐑🌾 , 🔔💐 und der 🦢 en 🧣 . Zwitschernde 🐦🐦
laben sich an 🧙n 🎒l und 👆🌿 .

Viele Blumennamen werden in Erzählungen, Märchen und Legenden erklärt.

*Der Himmelsschlüssel*

Endlich sollte es Frühling werden, und der heilige Petrus schloß die Tür auf, hinter der Zephir, der laue Frühlingswind, stürmte. Dabei riß Zephir dem heiligen Petrus den Schlüssel- bund aus der Hand. Der Schlüsselbund fiel zur Erde. Am nächsten Morgen standen die Wiesen voller goldgelber Blumen.
Diese Blumen heißen deshalb Schlüsselblumen.

*Die Wegwarte*

Es war einmal eine junge Frau. Ihre Augen waren blau und schön wie der Himmel. Sie schaute aus dem Fenster, weil sie auf ihren Liebsten wartete. Als es Sommer wurde, ging die Frau ihrem Liebsten entgegen. Sie setzte sich schließlich an den Weg und wartete. Aber . . . 🖉

❶ Lest die Texte. Wie werden die Blumennamen erklärt?

❷ Schreibe das Märchen von der Wegwarte ab und setze es fort.

❸ Schreibe Geschichten zu diesen Blumennamen:

| Schmuckkörbchen | | Schleierkraut | | Schachbrettblume |

❹ Stelle Wörter zum Sachfeld „Sommergarten" zusammen.

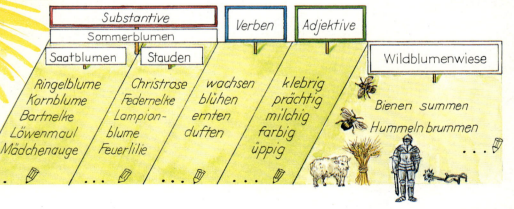

Sonne · Sonnenstrahl · warm · goldgelb · hell · gleißend

| Substantive | | Verben | Adjektive | |
|---|---|---|---|---|
| Sommerblumen | | | | Wildblumenwiese |
| Saatblumen | Stauden | | | |
| Ringelblume Kornblume Bartnelke Löwenmaul Mädchenauge | Christrose Federnelke Lampion- blume Feuerlilie | wachsen blühen ernten duften | klebrig prächtig milchig farbig üppig | Bienen summen Hummeln brummen |
| . . . | . . . | . . . | . . . | . . . |

❺ Schreibe vom Sommergarten.

**❶**   Betrachtet das Bild genau. Die Pflanzenarche enthält eine
Botschaft für uns.

**❷**   Welchen Weg wird die Pflanzenarche wohl nehmen?
Denkt euch Reisewege und Landeplätze aus.

**❸**   Bilde kurze Sätze von der Pflanzenarche. Erweitere die Sätze.
Male und schreibe.

Die Pflanzenarche schwimmt.

Wie?           Wo?

Die Pflanzenarche schwimmt          Die Pflanzenarche schwimmt
voll beladen mit Pflanzen.          voll beladen mit Pflanzen
                                     im weiten Meer.

Wann?

Die Pflanzenarche schwimmt an einem sonnigen Tag
voll beladen mit Pflanzen im weiten Meer.

Wohin?

An einem sonnigen Tag schwimmt die Pflanzenarche
im weiten Meer voll beladen mit Pflanzen
zu einer friedlichen Insel.

**❹**   Stellt euch aus Lehm oder Ton Pflanzenarchen her.
Bepflanzt sie.

# Wie die Ritter lebten

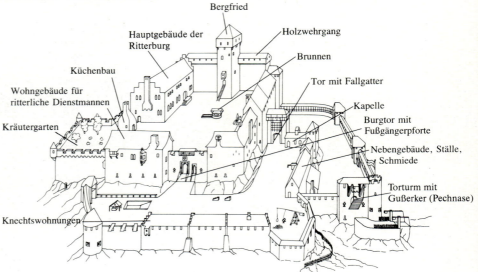

Bergfried

Hauptgebäude der Ritterburg

Holzwehrgang

Brunnen

Küchenbau

Tor mit Fallgatter

Wohngebäude für ritterliche Dienstmannen

Kapelle

Burgtor mit Fußgängerpforte

Kräutergarten

Nebengebäude, Ställe, Schmiede

Torturm mit Gußerker (Pechnase)

Knechtswohnungen

**①** Orientiert euch in der Burganlage. Wie wurden die Gebäude und Burgeinrichtungen genutzt?

**②** Was erzählt dieser Text über das Leben der Menschen auf der Burg?

In einer mittelalterlichen Burg lebten viele Menschen zusammen. Der Ritter und seine Familie waren von adeligem Stand. Oft lebten in der ritterlichen Familie Knappen und Edelfräulein, die dort nach den Regeln des Adels erzogen wurden. Die vielen Arbeiten in der Burg wurden von besonders treuen Bediensteten des Burgherrn überwacht, zum Beispiel vom Haushofmeister, vom Jägermeister, vom Waffenmeister. In der Burg lebten und arbeiteten auch Handwerker. Die niederen Arbeiten wurden von Knechten und Mägden verrichtet. Auf einer mittelalterlichen Burg ging es meistens friedlich zu.

**③** Schreibe den Text ab. Kennzeichne alle Substantive farbig.

**④** Schreibe alle Substantive aus Bild und Text mit dem passenden Begleiter auf.

> Der Begleiter des Substantivs heißt Artikel.

Diktat üben
83 Wörter

In einer Burganlage lebten immer auch viele Kinder.
Im Burghof fanden sie viel Platz zum Spielen.

**1** Vergleicht die Spiele der Kinder im Burghof mit heutigen
Kinderspielen.

**2** Was könnten sich die Kinder zugerufen haben?
Schreibe Aufforderungssätze.

„Adelaide, wirf mir den Ball zu!"
„Schütz dich mit dem Schild, Giselher!"
„. . . ✎"

**3** Die Ritterkinder wurden schon sehr früh auf ihr späteres
Leben vorbereitet.
Was erfährst du darüber aus den Stichwörtern?

**Junge:** erhält mit 7 Jahren Lehrmeister / Unterricht im Wald,
am See, im Fluß / muß schwimmen, tauchen und reiten
lernen / Einübung von Ausdauer und Geschick für spätere
Kämpfe / Schulung im Umgang mit den Waffen / muß aus-
dauernd laufen, auf Bäume klettern und schwere Steine
stoßen können

**Mädchen:** muß nähen und spinnen / Kenntnisse über Heil-
pflanzen / Versorgung von Wunden / Arbeit im Kräutergarten / Erwerb von Kenntnissen über Ernährung / muß reiten
lernen und ein Pferd pflegen können

**4** Schreibe einen Sachtext über die Ausbildung der Söhne und
Töchter der Ritter.

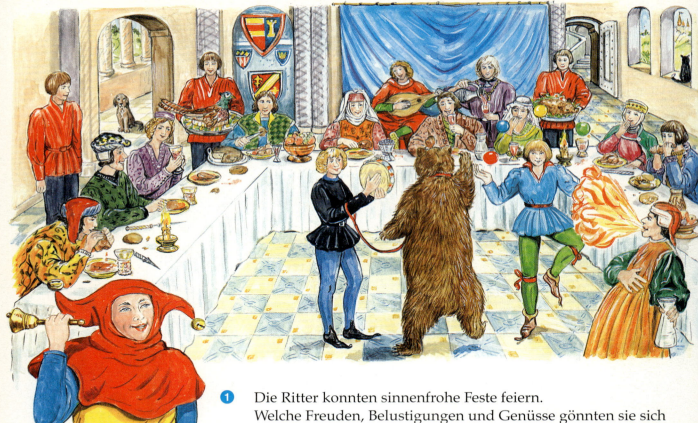

**❶** Die Ritter konnten sinnenfrohe Feste feiern.
Welche Freuden, Belustigungen und Genüsse gönnten sie sich
bei einem großen Mahl?

**❷** Benennt alle Personen auf dem Bild und beschreibt,
was sie tun.

**❸** Stellt einzelne Szenen aus dem Bild pantomimisch dar.

**❹** Schreibe für jede Szene einen Text, der ankündigt, was in der
Pantomime geschieht.

"Wir sehen jetzt den Mundschenk Johann. Gleich wird er dem
Ritter Ingolf von Wolkenstein . . . ✐ "

"Es tritt auf: Ludolf, der große Bärenbändiger. Er wird euch
zuerst . . . ✐ "

**❺** Bringt die Ankündigungen und die pantomimischen
Darstellungen in eine Szenenfolge.

**❻** Stellt aus großen Papiersäcken einfache Verkleidungen für alle
Personen her und spielt das fröhliche Treiben beim Rittermahl
nach.

Im Mittelalter gab es Manierenbüchlein, in denen auch Tisch-regeln aufgeschrieben waren. Einige dieser Tischregeln aus Tannhäusers Gedicht über die gute Hofzucht sind hier in modernes Deutsch übertragen.

**K**ein edler Mann soll auf der Schüssel saufen! Wer das Getränk in sich hineinschüttet, als ob er rasend wäre, der benimmt sich nicht höfisch, genausowenig wie der, der sich über die Schüssel hängt und wie ein Schwein ißt, schmatzt und rülpst.

Trinkt nicht mit vollem Munde, auch sollt ihr nicht in den Trank blasen! Bevor ihr trinkt, wischt euch den Mund ab!

Ihr sollt euch nicht kratzen mit der bloßen Hand! Nehmt dazu ein Teil eures Gewandes, so daß die Hand nicht dreckig wird!

Ihr sollt nicht mit dem Messer in den Zähnen herumstochern!

Wer sich am Tisch schneuzt und den Rotz in die Hände reibt, ist ein Schmutzfink.

Wer nicht rechtzeitig in seiner Jugend lernt, sich im Essen und Trinken zu mäßigen, der lernt es auch im Alter nicht mehr und wird ein törichter Mensch.

❶ Vergleicht die Tischsitten aus dem 13. Jahrhundert mit denen der heutigen Zeit.

❷ Einige der mittelalterlichen Tischregeln empfinden wir heute als anstößig. Überlegt, warum sie für die damalige Zeit von großer Bedeutung waren.

❸ Schreibe mittelalterliche und moderne Tischregeln. Verwende nur Aufforderungssätze.

Sauft nicht aus der Schüssel!
...✏

Schlürft nicht beim Trinken!
...✏

Aufforderungssätze enthalten eine Anweisung, eine Bitte oder einen Befehl.

## Die Gräfin Adelett

Text und Melodie:
Christa Zeuch

Einer:
Kennt ihr die Grä-fin A- de- lett, o-ho - hu - a - hu - a - hee?
Die ist sehr rund und auch sehr nett, o-ho -

hu - a - hu - a - hee. Sie lud mich ein, ihr Gast zu sein, oh-hu - a - hu - a -

hee. Drum fuhr ich nach Schloß Gur-gel-stein, o - ho - hu - a - hu - a - hee.

**❶** Laßt euch das Lied von der Gräfin Adelett vorsingen und übt es ein.

**❷** Mit diesem Sprachmaterial könnt ihr weitere Strophen dichten. Denkt an einen Spuk um Mitternacht.

| | | |
|---|---|---|
| Glocken dröhnen | Dielen quietschen | Motten schwirren |
| Winde stöhnen | Geigen fietschen | Schlüssel klirren |
| Ecken knistern | Flügel flattern | Schritte schleifen |
| Stimmen flüstern | Ziegel rattern | Ratten pfeifen |
| Äxte hacken | Türen schlagen | Hexen lachen |
| Stufen knacken | Eulen klagen | Fenster krachen |
| Ketten rasseln | Rohre tropfen | Schüsse knallen |
| Funken prasseln | Geister klopfen | Bilder fallen |

**❸** Nun braucht ihr noch die Spukmusik. Überlegt, wie ihr passende Geräusche erzeugen könnt.

**❹** Nehmt das Lied auf Kassette auf.

**❺** Schreibe eine Geschichte zu diesen Stichwörtern:

| Burg Schreckenstein | ich | Mitternacht |

*ein Lied weiterdichten; Begleitmusik
mit entsprechenden Klangerzeugern; Reizwortgeschichte*

Burgerkundung

**1** Wählt eine Burg in eurer Nähe aus.
Besorgt euch Informationsmaterial.

**2** Überlegt in Gruppen Möglichkeiten der Erkundung.
Was könnt ihr selbst erforschen, was müßt ihr erfragen?

**3** Schreibe Aufgabenkarten.
Verwende nur Aufforderungssätze oder Fragesätze.

| | | |
|---|---|---|
| Bergfried:<br>Miß die Mauerstärke aus!<br>Zähle die Stufen ab!<br>Schätze die Höhe ab! | Sucht das Wappen des Burgherren! Zeichnet es ab! | Fragen an den Burgwart:<br>Gibt es an der Burg eine Pechnase?<br>Wo finden wir sie? |

**4** Stellt die Aufgaben für ein Burgerkundungsheft zusammen.
Laßt Platz für Eintragungen, Bilder und Notizen.

**5** Vervielfältigt das Burgerkundungsheft, so daß jedes Kind ein eigenes Exemplar hat.

# Klassenzeitung

Klassenzeitungen werden zur wichtigen Erinnerung an die Grundschulzeit. Sie sollten deshalb Informationen über die Klasse und die Grundschulzeit enthalten.
Die Herstellung einer Klassenzeitung erfordert eine umsichtige und genaue Planung.

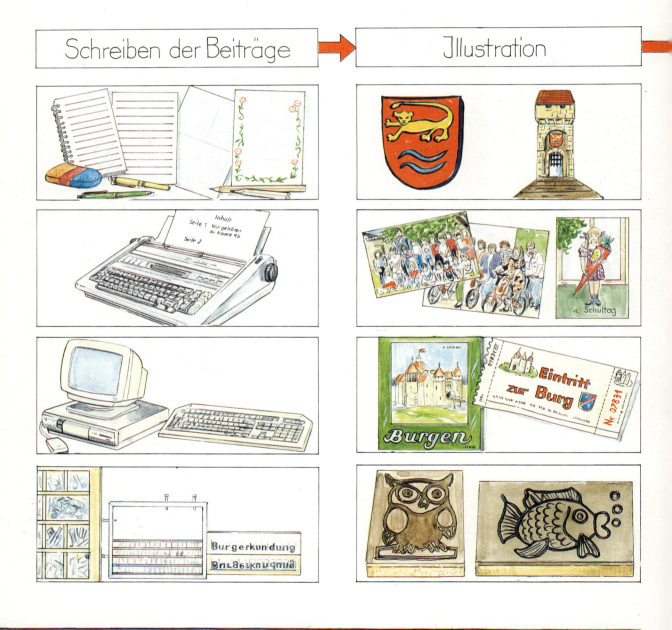

Schreiben der Beiträge → Illustration

*Planungsgespräch; Arbeitsschritte im Schaubild; arbeitsteilige Gruppenarbeit*

❶ Tragt Themen für die Klassenzeitung zusammen.
Trefft eine Auswahl. Entscheidet über die Anordnung.

❷ Sprecht über die im Schaubild dargestellten Möglichkeiten
der Herstellung.

❸ Welche Herstellungsmittel stehen euch zur Verfügung?

❹ Stellt auf einer großen Tapete dar, wie die Herstellung eurer
Klassenzeitung verlaufen soll.

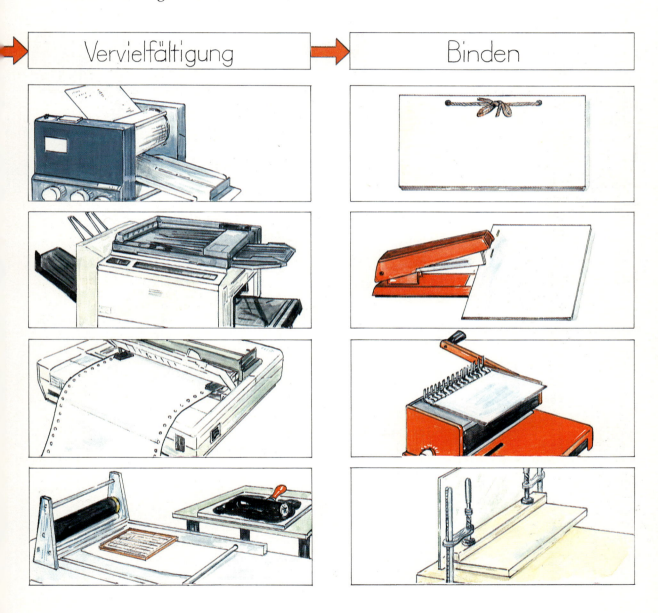

| Vervielfältigung | Binden |

# Medien

Moderne Medien sind die Hauptnachrichtenträger unserer Gesellschaft. Sie liefern uns Informationen über Politik und Wirtschaft, Sport und Kultur, über das Wetter, über Ereignisse in aller Welt.

Fast alle Medien dienen heute auch der Unterhaltung. Zeitungen, Zeitschriften, Radio und Fernsehen sprechen die Menschen verschieden an. Im Fernsehen vermitteln Bilder, Sprache, Musik und Geräusche eine sehr lebendige Vorstellung von allen Geschehnissen. Wer Radio oder Kassetten hört, muß sich in seiner Fantasie die Bilder selbst erschaffen. Im Berufsleben sind moderne Medien unverzichtbar geworden. Manche Menschen können sich dem Einfluß der Medien nicht mehr entziehen.

**❶** Bilder und Text informieren euch über moderne Medien. Sprecht über die Bedeutung der Medien im Alltag.

**❷** Welche Medien benutzt du zu deiner Unterhaltung? Schreibe darüber und teile deine Gründe mit.

**❸** Vergleiche eine Tageszeitung mit dem Tagesprogramm eines Fernsehsenders. Notiere, was sie gemeinsam haben und was verschieden ist.

*Bedeutung von Medien; etwas schriftlich begründen; Ergebnisse notieren*

Moderne Medien spielen auch in der heutigen Schule eine
große Rolle und lassen sich dort sehr gut nutzen.

**❶**  Welche Medien werden in eurer Schule bereits eingesetzt?
Wie werden sie genutzt?

**❷**  Ihr sollt über das Thema *Sport in der Schule* informieren und
berichten. Welche Medien eignen sich hierfür?

**❸**  Überlegt und verfaßt Beispiele:

* Ankündigungen des Spiel- und Sporttages
* Plakat zum Schwimmtag
* Bericht über die Bundesjugendspiele
* Reportage über den Sport im ersten Schuljahr
* Film über einen Vormittag auf dem Trimmpfad
* Zeitungsbericht über ein Sportereignis in der Schule

# Abenteuer

Vor mir lag ein Leben, so still und abgeschieden, wie es vielleicht niemals zuvor in dieser Welt geführt worden war. Es begann am 30. September, als ich zum erstenmal den Fuß auf diese Insel setzte. Die Sonne stand mir zu Häupten in der herbstlichen Tagundnachtgleiche. Nach zehn oder zwölf Tagen kam es mir in den Sinn, daß ich die genaue Zeitrechnung verlieren könnte. Die Sonntage würden sich von den Werktagen nicht mehr unterscheiden. Ich wählte ein langes, kräftiges und gerades Holz, zerteilte es in ein längeres und ein kürzeres Stück, richtete ein Kreuz daraus und grub es an dem Platz ein, wo ich die Küste betreten hatte. In großen Buchstaben schnitt ich ein: „Hier landete ich am 30. September 1659." Auf der Seite aber kerbte ich für jeden Tag eine Marke ein.

Daniel Defoe

**1** Nach einem Schiffbruch hatte sich Robinson Crusoe als einziger auf eine unbewohnte Insel retten können.
Was bedeutete dies für ihn und sein weiteres Leben?

**2** Wie mußte die Insel beschaffen sein, damit er dort überleben konnte?

**3** Überlegt, wie Robinson sich auf der Insel wohl einrichtete. Notiert Stichwörter.

Nahrung:    Süßwasser suchen, Früchte sammeln, . . . 🖉
Behausung: Hütte bauen, das Dach . . . 🖉
Kleidung:    Rock aus Fellen nähen, . . . 🖉
Geräte:       aus Pflanzenfasern ein Seil drehen, . . . 🖉

**4** Schreibe in Ich-Form zu einem der Bereiche einen Eintrag für ein Robinson-Tagebuch.

**5** Gestaltet ein gemeinsames Robinson-Tagebuch.
   * Texte zeitlich und sachlich ordnen
   * Texte nacheinander handschriftlich eintragen
   * Texte und Umschlag illustrieren

*ein abenteuerliches Leben nachempfinden; Sachnotizen; Tagebucheinträge*

Robinson erkundete nach und nach die ganze Insel.
In seinem Tagebuch hielt er seine Entdeckungen fest und gab
Zeit und Ort genau an.

**❶** Lies den Text. Suche die Orts- und Zeitangaben.

Diktat üben
110 Wörter

> Ich befand mich bereits zehn Monate auf der Insel. Am 15. Juli
> begann ich mit ihrer vollständigen Erkundung. Am ersten Tag
> folgte ich einem Flußlauf. In der Nähe des Ufers sah ich
> wildes Zuckerrohr. Am folgenden Tag entdeckte ich in einem
> baumreichen Gelände Melonen und Weintrauben. Am Abend
> kehrte ich nicht zu meiner Behausung zurück. Bei Einbruch
> der Dunkelheit kletterte ich in einen Baum und schlief dort
> mehrere Stunden lang. Am frühen Morgen des nächsten Tages
> wanderte ich weiter nach Norden. Gegen Mittag kam ich in
> ein weites Tal. Ich ließ mich für eine kleine Weile unter einem
> schattigen Baum nieder. Vor mir lag blühendes Land. Vom
> Westen trieben Wolken heran.

**❷** Erfragt alle Orts- und Zeitangaben mit diesen Fragewörtern:

| Wo? | Wohin? | Woher? | Wann? | Wie lange? |

**❸** Schreibe Fragen und Antworten. Unterstreiche die Ortsangaben und Zeitangaben mit verschiedenen Farben.

Wie lange befand sich Robinson bereits auf der Insel?
Er war bereits zehn Monate auf der Insel.

Wo befand er sich bereits zehn Monate?
Er befand sich auf der Insel.

> Ortsangaben und Zeitangaben sind Satzergänzungen.

**❹** Stelle dir Robinsons Insel ganz genau vor.
Zeichne eine Karte von der Insel.

**❺** Beschreibe die Insel. Verwende genaue Ortsangaben.

im Norden    an der Steilküste    oben am Wasserfall
in der Nähe des Flusses    jenseits des Graslandes
unterhalb der Höhle    südlich des Hauptgebirges

# Unterwegs

Im Mittelalter wurden Studenten, die von Ort zu Ort wanderten, fahrende Scholaren genannt. Handwerker, die zu Fuß von Stadt zu Stadt gingen, hießen fahrende Gesellen. Das Wort *fahren* bedeutete damals: von einem Ort zum anderen gehen, wandern, ziehen. Wer viel herumgekommen war, galt als ein erfahrener Mensch. Wer zu Fuß oder mit einem einfachen Wagen oder gar mit dem Schiff durch die Welt fuhr, der brauchte zuverlässige Weggefährten, denn Gefahren lauerten überall.

**1** Die Bedeutung des Wortes *fahren* hat sich verändert. Sucht aus dem Text die Wörter der Wortfamilie *fahren* heraus und erklärt ihre Bedeutung.

**2** Viele Wörter mit den Wortstämmen   fahr/fähr   und   fuhr/führ   lassen sich aus der Bedeutung des alten Wortes *fahren* erklären.
Schreibe in Sätzen.

| | |
|---|---|
| der Gefährte | jemand, der mich auf dem Weg begleitet |
| die Gefahr | etwas Schlimmes, das mir auf dem Weg widerfahren kann |
| führen | jemanden auf den richtigen Weg mitnehmen |
| fahrig | jemand, der unbeständig ist, weil er nicht lange an einem Ort bleiben kann |
| fahrlässig | wer einen anderen gehen läßt, ohne sich um ihn zu kümmern |

**3** Erkläre auch die heutige Bedeutung der Wörter

Fahrlässig ist jemand, der unverantwortlich handelt.
Fahrig . . . ✏

**4** Schreibe Worterklärungen auch zu diesen Wörtern:

der Fährmann   die Fähre   der Vorfahre   das Gefährt
das Fahrzeug   die Fahrbahn   der Führerschein

**5** Erfinde eine Geschichte, in der viele Wörter mit der alten Bedeutung von *fahren* vorkommen.

**❶** Die abgebildeten Landschaften sind auf verschiedene Weisen entstanden. Was wißt ihr darüber?

**❷** Kennt ihr andere Orte, wo man deutlich sehen kann, wie die Landschaft entstanden ist? Erzählt euch davon.

**❸** Dieser Text erzählt von der Entstehung der Schwäbischen Alb.

Vor mehr als 150 Millionen Jahren waren weite Teile Süddeutschlands von einem großen Meer bedeckt. Viele Meerestiere hatten Schalen aus Kalk. Wenn die Tiere starben, sanken sie auf den Meeresboden. Alle Weichteile verwesten. Die harten Tiergehäuse füllten sich mit Schlamm. In Hunderttausenden von Jahren lagerten sich immer mehr Teile von Tieren ab. Ein großes Kalkgebirge entstand. Im Kalkgestein blieben steinerne Reste von Tieren und sogar Abdrücke von Pflanzen erhalten. Der schneckenförmige Ammonit stammt von einem Tier, das dem Tintenfisch verwandt ist.

Schreibe den Text ab. Hebe wichtige Stichwörter farbig hervor.

**❹** Notiert in Stichwörtern Wissenswertes von anderen Orten, an denen die Vergangenheit lebendig wird.
Haltet kleine Informationsvorträge über diese Orte.

Landschaften prägen die Lebensweisen der Menschen. Wenn wir uns über andere Länder informieren, lernen wir die Menschen dort besser verstehen.

**1** Wie stellt ihr euch das Leben in den Ländern vor, in denen die Fotos gemacht worden sind?

**2** Beschreibt Landschaften und Lebensweisen in anderen europäischen Ländern, die ihr kennt.

**3** Was erfährst du aus diesem Text über die Shetlandinseln?

Die Shetlandinseln liegen nördlich von Schottland. Das Klima ist mild, aber feucht. Häufige Stürme lassen keinen Baumwuchs aufkommen. Die Menschen leben vom Fischfang und von der Schafzucht. Die Wolle der Shetlandschafe ist besonders fein und warm. Auf den Hügeln der Inseln grasen die Shetlandponys das spärliche Gras ab. Shetlandponys sind klein, stark und klug. Früher mußten sie für die Menschen Kohle und Torf schleppen. Heute werden sie fast nur noch für das Freizeitvergnügen von Kindern und Erwachsenen gezüchtet.

**4** Versetze dich in Gedanken auf die Shetlandinseln. Schreibe eine Ich-Erzählung.

Ich stelle mir vor, daß ich auf den Shetlandinseln wohne. Jeden Morgen . . . ✐

**5** Du kannst auch von anderen Ländern schreiben.

*von europäischen Ländern erzählen;*
*sich in Gedanken in ein anderes Land versetzen und darüber schreiben*

In vielen europäischen Ländern ziehen die Menschen noch heute bei Festen ihre alten, wertvollen Trachten an. Sie singen die Lieder ihrer Heimat und tanzen kunstvolle Tänze dazu.

**1** Wo sind die abgebildeten Menschen zu Hause?

**2** Beschreibt ihre Kleider und Instrumente möglichst genau.

**3** Farben, Schnitte und Zubehör von Gewändern haben oft eine besondere Bedeutung.

Vor langer Zeit entwarfen die Weber in Schottland Stoffe für die bekanntesten Familien des Landes. Jede Familie erhielt ihr eigenes Muster. Das Muster für eine Familie mußte immer gleich bleiben. Wer die Farben und die Anordnung der Linien und Karos genau kennt, kann am Schottenrock erkennen, aus welchem Teil Schottlands der Rock stammt und zu welcher Familie er gehört.

①  ②  ③ ④  ⑤  ⑥ ⑦  ⑧

Mac Donald    MacLeod of Lewis    Sinclair    Huntly    MacGregor    MacFarlane    Stirling    Kennedy

Schreibe den Text ab.
Entwirf und zeichne verschiedene Schottenmuster.

**4** Stellt Lieder aus europäischen Ländern zusammen. Bereitet ein Fest mit Liedern, Tänzen und Leckereien aus verschiedenen Ländern vor.

**Projekt Europa**

## Flaggen aus Filz schneiden

## Europapuzzle herstellen

## Collage herstellen

* Abbildungen von berühmten Bauwerken in Europa sammeln

* Bauwerke malen

* alle Bauwerke zu einem großen Stadtbild vereinen

Heinz Sedlick

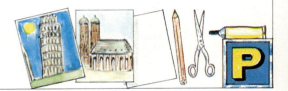

## Spiel des Wissens herstellen

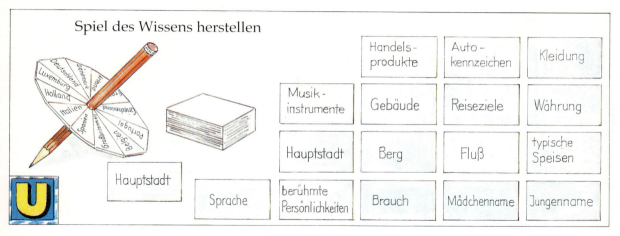

| | | |
|---|---|---|
| Handels-produkte | Auto-kennzeichen | Kleidung |
| Musik-instrumente | Gebäude | Reiseziele | Währung |
| Hauptstadt | Berg | Fluß | typische Speisen |
| Sprache | berühmte Persönlichkeiten | Brauch | Mädchenname | Jungenname |

Hauptstadt

## Europakartenspiel mit Figuren aus Märchen und Kinderbüchern herstellen

Italien — Pinocchio
Deutschland — Rotkäppchen und der Wolf
Rußland — Väterchen Frost

## Kartei mit Speisen und Getränken aus Europa herstellen

Minestrone für 4 Personen

2 Tomaten
1 Sellerieknolle
1 Staudensellerie
1 Paprikaschote
1 Möhre 1 Zucchini
1 Kartoffel 1 Knoblauchzehe
etwas Öl Brühwürfel
Salz Pfeffer Gewürze
Parmesan
3 Eßlöffel Reis
1 kleine Dose Erbsen

### Europasage

Der Göttervater Zeus war in Liebe zu Europa, einer phönizischen Königstochter, entbrannt. Da verwandelte er sich in einen Stier. Durch eine List entführte er Europa auf die Insel Kreta. Dort setzte er sie ab und entschwand. Der König von Kreta nahm sie zur Gemahlin. Seither ist Europa unsterblich. Nach ihr wurde ein ganzer Erdteil benannt.

# Richtig schreiben üben

**➥ Die Schreibweise von Wörtern mit den Augen erfassen:**

* ein Wort genau anschauen
* die Augen schließen und das Wort vor dem inneren Auge neu entstehen lassen
* das Wort mit geschlossenen Augen buchstabieren
* ein Wort mit dem Schwamm an die Tafel schreiben und sich das Wort einprägen, bevor es trocknet

**➥ Wörter deutlich sprechen, um die Lautfolge zu hören:**

* ein Wort langsam und deutlich sprechen
* ein Wort so sprechen, daß jeder Laut gehört werden kann
* kurzgesprochene oder langgesprochene Selbstlaute übertrieben deutlich sprechen
* längere Wörter gegliedert sprechen (wie ein Roboter lesen)

**➥ Wörter mit Wortlisten trainieren:**

* Wörter mit gleichen Merkmalen in Wortlisten sammeln
* sich die Wortlisten regelmäßig diktieren lassen
* die Wörter der Wortlisten im Selbstdiktat üben
* möglichst viele Wörter einer Wortliste in eine Geschichte einbauen und sich die Geschichte merken

**➥ Die Schreibweise von Wörtern mit Regelwissen überprüfen:**

* öfter einmal ganz bewußt langsam schreiben
* bei Unsicherheiten stoppen und Hilfen suchen
* Wörter zerlegen, ableiten oder verlängern
* die Wortarten überprüfen
* auf Wortbausteine und Endungen achten
* Regeln und Merkverse als Hilfen verwenden

## ➤ Sorgfältig kontrollieren:

* das Geschriebene ruhig und konzentriert durchlesen

* Wort für Wort mit der Vorlage vergleichen

* mehrsilbige Wörter Silbe für Silbe überprüfen

* bei Unsicherheiten in der Wörterliste oder
  im Wörterbuch nachschlagen

* falsch geschriebene Wörter sofort berichtigen

## ➤ Eindeutig und geschickt berichtigen:

* falsch geschriebene Wörter ganz durchstreichen
  und neu darüber schreiben

* ausgelassene Buchstaben eindeutig einfügen

  Beispiel:  *fahren* (mit eingefügtem *h*)

* zuviel geschriebene Buchstaben eindeutig
  durchstreichen und einen Verbindungsbogen setzen

  Beispiel:  *esssen*

* falsch geschriebene Buchstaben eindeutig ersetzen

  Beispiel:  *Autofahn* (mit *b*)

* ausgelassene Wörter und Textteile mit
  Auslassungszeichen am Ende des Textes anfügen

  Beispiel:  Peter [1] bei sonnigem Wetter [2] ins Freibad.
  [1] fuhr
  [2] mit seinem Fahrrad

* schludrig geschriebene Buchstaben auf die richtige
  Form überprüfen, dabei besonders auf
  *a/o, m/n, r/n, b/l* und *qu* achten.

# Wortlistentraining

Wörter mit gleichem Merkmal sammelst du am besten in Wortlisten.
Um dir diese Wörter leichter merken zu können, kannst du sie in Merkgeschichten einbauen.

Präge dir die Geschichte mit den ai -Wörtern gut ein.
Willst du nun wissen, ob man ein Wort mit ai schreibt, mußt du in der Erinnerung prüfen, ob es in der Geschichte war.

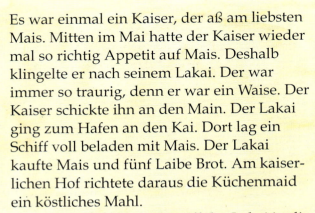

Es war einmal ein Kaiser, der aß am liebsten Mais. Mitten im Mai hatte der Kaiser wieder mal so richtig Appetit auf Mais. Deshalb klingelte er nach seinem Lakai. Der war immer so traurig, denn er war ein Waise. Der Kaiser schickte ihn an den Main. Der Lakai ging zum Hafen an den Kai. Dort lag ein Schiff voll beladen mit Mais. Der Lakai kaufte Mais und fünf Laibe Brot. Am kaiserlichen Hof richtete daraus die Küchenmaid ein köstliches Mahl.
Während der Kaiser aß, griff der Lakai in die Saiten seiner Balalaika und sang Lieder von Haien und Taifunen.

**1** Lest die Geschichte und spielt sie.

**2** Schreibe die Geschichte ab und unterstreiche alle Wörter mit ai .

**3** Schreibe alle Wörter mit ai mit ihrem Begleiter in eine Wortliste.

**4** Bilde mit den ai -Wörtern möglichst viele zusammengesetzte Substantive.
Schreibe so:

Kaiser: Kaiserkrone, Kaiserstuhl, . . . ✎
Mais: . . . ✎

Futter
Ernte
Staude
Korn
Feld
Kuchen
Kolben
Gemüse
Pflanze

| V am Anfang | | v in der Mitte | X am Anfang | x in der Mitte |
|---|---|---|---|---|
| Vase | vier | dividieren | Xaver | Lexikon |
| Villa | Volk | Division | Xylophon | Mixer |
| vielmals | Vorteil | Advent | | Boxer |
| voll | völlig | Klavier | | Taxi |
| Vulkan | Vetter | Revier | | Hexe |
| Viereck | | Sklave | | Praxis |
| Vogel | | Lokomotive | | Axt |
| vielleicht | | November | | Text |
| vollenden | | Pullover | | Maximilian |
| violett | | Karneval | | Textilien |
| Vater | | Revolver | | mixen |
| Vers | | Evangelium | | extra |
| Vieh | | oval | | Nixe |
| viel, viele | | privat | | boxen |

**1** Schreibe die Wortlisten mit V/v -Wörtern und X/x -Wörtern ab.

**2** Trainiere die Wörter.

**3** Schreibe Sätze, in denen möglichst viele Wörter mit V/v und X/x vorkommen.

Im Advent spielt Vater viel Klavier.
Asterix und Obelix mixen extrastarken Hexentrank.

**4** Schreibe Merkgeschichten zu den Wortlisten.

**5** Kontrolliere noch einmal alle Wörter mit V/v und X/x .

**6** Bilde zusammengesetzte Substantive und schreibe sie mit ihrem Begleiter auf.

d oder t?

b oder p?

g oder k?

Diktat üben
76 Wörter

*Herbststimmung*

Draußen ist es kalt und trüb und schon ein wenig neblig. Kaum erkennt man den Wald, der rot und gelb und bunt gefärbt ist. Der Wind fegt hart über den Waldrand und das Feld hinweg und wirbelt den Staub auf.

Bei der Burg streunt ein Hund umher. Sein Fell ist feucht. Ihm ist kalt. Er fühlt sich schlecht und elend. Eilig läuft er den Feldweg entlang. Dieser Herbstabend ist keine angenehme Zeit für einen Spaziergang.

---

Ob ein Wort am Ende mit $\boxed{b}$ oder $\boxed{p}$,
mit $\boxed{d}$ oder $\boxed{t}$, mit $\boxed{g}$ oder $\boxed{k}$ geschrieben wird,
überprüft man beim Substantiv in der Mehrzahl
und beim Adjektiv in der Vergleichsform.

---

**❶** Schreibe aus dem Text alle Substantive in der Einzahl und der Mehrzahl so auf:

die Herbststimmung – die Herbststimmungen,
der Wald – die Wälder, . . .  🖉

**❷** Schreibe alle Adjektive aus dem Text in der Grundstufe und in den Vergleichsstufen so auf:

kalt – kälter – am kältesten, . . .  🖉

**❸** Übt den Text als Gruppendiktat:

\* Jedes Kind sucht sich aus dem Text einen Satz und schreibt die Wörter in veränderter Reihenfolge auf einen Zettel, zum Beispiel:

| Bei | Hund | der | Burg | umher | streunt | ein. |
|-----|------|-----|------|-------|---------|------|

\* Nun tauschen die Kinder in der Gruppe ihre Plätze. Die Sätze mit den Schüttelsätzen aber bleiben liegen.

\* Jedes Kind schreibt den Schüttelsatz, den es an seinem neuen Platz findet, richtig auf.

\* Es schreibt dann einen neuen Schüttelsatz.

\* Danach werden erneut die Plätze gewechselt.

\* Zum Schluß kann die Gruppe den gesamten Text noch einmal korrigieren.

Das Pferd trabt und springt.
Das Schwein quiekt und stinkt.
Das Boot treibt und sinkt.
Das Auto hupt und blinkt.
Der Sportler hebt und ringt.
Das Kind winkt und singt.

**1** Überprüfe die Schreibweise jedes Verbs in der Grundform.
Schreibe so:

tra⬚b⬚t von tra⬚b⬚en, sprin⬚g⬚t von . . . ✎

**2** Setze den Text in die Mehrzahl.

> Ob der Wortstamm eines Verbs mit ⬚b⬚ oder ⬚p⬚ ,
> mit ⬚d⬚ oder ⬚t⬚ , mit ⬚g⬚ oder ⬚k⬚ endet,
> kann man mit der Grundform überprüfen.

**3** Überprüfe und entscheide, welche Buchstaben du einsetzen
mußt. Verwende auch die Überprüfungsregeln für
Substantive und Adjektive.

stren■   lü■t   en■   Ban■   star■   glau■t   bor■t   Tan■
schlan■   Zwer■   sor■t   na■t   Kor■   beu■t   lie■t
fra■t   Sar■   Par■   kran■   sa■t   Ran■   lan■   Sta■

Schreibe so: stren⬚g⬚ – stren⬚g⬚er, . . . ✎

**4** Leite diese Wörter so ab, daß du hören kannst,
wie man sie schreibt.

kränklich   glücklich   freundlich   lieblich   endlich

Schreibe so: kränklich – der Kranke – erkranken, . . . ✎

**5** Leite die zusammengesetzten Substantive ab.

Pumpstation   Schreibmaschine   Piepmatz   Startschuß
Klebstoff   Hupkonzert   Raubtier   Grabstein   Ringkampf

Schreibe so : Pumpstation von pumpen, Schreibmaschine . . . ✎

*Am Wasser*

Anne hockt am Ufer des kleinen Wildbaches. Hier ist alles still. Nur die Wellen plät-
schern leise dahin. Durch das Ufergestrüpp flimmert helles Sonnenlicht. Eine Libelle
schwirrt vorüber. An einem dünnen Halm zappelt ein dicker Käfer. Eine Spinne
krabbelt über einen glatten Stein. Im schnellen Wasser schwimmt ein welkes Blatt.
Anne beginnt zu träumen.
Das Blatt wird zu einem Schiff. Eine Flagge flattert am Mast und knattert im Wind.
Dort drüben legt das Schiff an. Männer schleppen dicke Säcke an Bord. Nun drücken
sie mit einem langen Paddel das Schiff wieder vom Ufer ab. Das ist bestimmt ein
Schmuggelschiff, denkt Anne in ihrem Tagtraum.

❶ Schreibe den Text ab. Färbe alle Doppelmitlaute.

❷ Sammle Wörter mit verdoppelten Mitlauten in
Wörterschiffen.

krabbeln – Robbe
knabbern – Krabbe
Hobby

d d   f f   g g   ck   l l   mm   n n   p p   r r   s s   t t

Nach kurzgesprochenem Selbstlaut oder Umlaut wird
der Mitlaut verdoppelt, wenn noch ein Selbstlaut folgt.
Der Wortstamm wird immer gleich geschrieben.

W ⓐ ‖ss‖ ⓔ r

❸ Untersuche einige Wörter aus dem Text so:

hockt → h ⓞ ‖ck‖ ⓔ n
Blatt → Bl ⓐ̈ ‖tt‖ ⓔ r
still → st ⓘ ‖ll‖ ⓔ r

❹ Überprüfe Substantive, Adjektive und Verben mit der Regel:

∗ Substantive in der Mehrzahl überprüfen!
∗ Verben in der Grundform überprüfen!
∗ Adjektive in der Vergleichsform überprüfen!

Stock   gurrt   robbt   Sack   dick   dünn   Fell   summt   nett   matt
Brett   Stamm   knurrt   stoppt   bellt   dürr   Herr   Lamm   fett

Ein lebensfrohes Roß
bewohnte einst ein Schloß.
Im Schlosse lag ein altes Faß.
Da sprach das Roß mit tiefem Baß:
„Ich roll das Faß zum Fluß
und fahre mit Genuß
im Faß durch viele Flüsse.
Es hat ja keine Risse!"

**1** Schreibe das Gedicht ab.
Färbe ss und ß mit verschiedenen Farben.

Ausnahme:
die Busse –
der Bus

**2** Alle Substantive des Gedichtes werden in der Einzahl anders
geschrieben als in der Mehrzahl.
Stelle sie so zusammen:

die Rösser – das Roß, die Schlösser – . . . ✏

> Aus ss in der Wortmitte wird ß am Wortende.

**3** Auch bei Verben wird in einigen Formen aus ss ein ß .

Das Roß mag sich nicht länger treiben lassen. Es will an Land
und dort etwas fressen. Dazu muß es sein Schiff verlassen. Es
läßt sich ans Ufer treiben und verläßt sein Faß. Auf einer
saftigen Wiese frißt es sich satt. Niemand paßt auf das Faß
auf. Das Roß hat es schon vergessen. Da schwimmt das Faß
alleine weiter und denkt: „Wer nicht auf mich aufpassen mag
und mich vergißt, wird zu Fuß weiterziehen müssen."

Stelle die Verben, bei denen aus ss ein ß geworden ist,
so zusammen:

lassen – es läßt, . . . ✏

> Bei Verben wird aus ss in der Grundform
> ein ß vor *t* und am Wortende.

**4** Schreibe mit diesen Verben Aufforderungen in Einzahl und Mehrzahl.

| messen | lassen | essen | küssen | fassen | vergessen | aufpassen | verlassen |
|--------|--------|-------|--------|--------|-----------|-----------|-----------|

Schreibe so: Miß dein Zimmer aus! Meßt die Länge!

*Sticken und stricken*

Anne und Frank sticken und stricken gern. Sie haben sich im Garten nahe bei der Hecke auf eine Bank gehockt. Anne bestickt ein Deckchen. Frank strickt einen Schal. Auf einem eckigen Tischchen steht leckeres, mit Zucker bestreutes Gebäck. Aber kein Kind streckt die Hand danach aus, keines guckt von der Arbeit auf. Plötzlich steht Oma Wacker hinter den Kindern, bückt sich zu ihnen hinunter, guckt glücklich auf die geschickten Hände ihrer Enkel und sagt: „Steckt doch auch einmal ein Stückchen von dem Gebäck in euren Mund! Oder seid ihr gar nicht schleckig?"

**❶** Schreibe den Text ab. Färbe alle ck .

**❷** Schreibe Wortfamilien zu den Wörtern mit ck .

sticken, das Stickgarn, aufgestickt, . . . ✎

> ck darf nur nach kurzgesprochenem Selbstlaut oder Umlaut stehen.

**❸** Schreibe die Wörter in Trennsilben.

Beachte:
Nicht immer darfst du ck in k – k trennen.

stik – ken, sie stick – te, das Stick – garn, . . . ✎

**❹** Stelle die Wörter passend zusammen.

| | | | | |
|---|---|---|---|---|
| der Knicks | häckseln | knicksen | tricksen | der Klecks |
| der Knacks | klecksen | der Trick | knacksen | das Häcksel |

**❺** Übertrage die Wörter mit cks in eine Wortliste und übe sie.

**❻** Erkläre einige Wörter in Sätzen.

Beim Knicks mußt du ein Knie leicht einknicken.
Ein Klecks . . . ✎

*Sieben klitzekleine Katzen*

Sieben klitzekleine Katzen
sitzen auf dem Platz und schmatzen.
Kommt ein Spitz, schon sehr erhitzt,
plötzlich schwitzend angeflitzt.
Und mit seinem letzten Satz
springt er auf den Katzenplatz.
Doch auf ihren schnellen Tatzen
wetzen blitzschnell fort die Katzen.
Platzt der Spitz jetzt laut vor Wut?
Nein. Er setzt sich hin und ruht.

**1** Schreibe das Gedicht ab. Färbe alle ⬚tz⬚ .

**2** Welche Substantive und Verben kannst du hier bilden?

| K | Sp | T |
|---|---|---|
| atzen | | |
| kr | schm | schw |

| F | | h |
|---|---|---|
| etzen | | |
| s | | w |

| R | Sp | bl | fl |
|---|---|---|---|
| itzen | | | |
| r | s | sp | schw |

| m | | pr |
|---|---|---|
| otzen | | |
| str | | tr |

| N | St | n |
|---|---|---|
| utzen | | |
| p | | st |

| M | Pf | Sch | St |
|---|---|---|---|
| ützen | | | |
| n | | sch | st |

**3** Schreibe die Wörter so auf:

die K ⓐ ⬚tz⬚ ⓔ n, k r ⓐ ⬚tz⬚ ⓔ n, . . . ✎

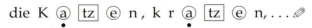

⬚tz⬚ darf nur nach kurzgesprochenem Selbstlaut oder Umlaut stehen.

**4** Schreibe für die Verben je drei Formen in Trennsilben auf.

krat – zen, er kratz – te, ge – kratzt, . . . ✎

**5** Stelle zu einigen Wörtern mit ⬚tz⬚ kleine Wortfamilien zusammen.

der Blitz: das Blitzlicht, blitzschnell, blitzen . . . ✎
der Witz: die Witze, witzeln, witzig, . . . ✎

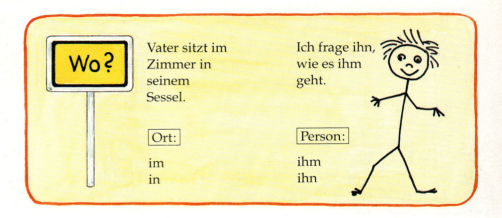

Vater sitzt im Zimmer in seinem Sessel.

Ich frage ihn, wie es ihm geht.

Ort:

im
in

Person:

ihm
ihn

**1** Im Schaubild wird erklärt, wann du *in* oder *ihn*, *im* oder *ihm* schreiben mußt.
Setze passend ein und schreibe Sätze.

Ich schenke ■ ein Buch. Ich habe es ■ Zimmer versteckt. Ich trinke mit ■ ■ Wohnzimmer Tee. Peter spielt mit ■ ■ Garten Ball. Gestern habe ich ■ ■ der Schule geholfen, denn ich habe ■ gern.

**2** Schreibe weitere Sätze mit *in/ihn* und *im/ihm*.

**3** Lest euch eure Sätze vor. Hebt den Unterschied von *in/ihn* und *im/ihm* beim Lesen deutlich hervor.

| i̱n / i̱m | i̲h̲n / i̲h̲m |
|---|---|
| • kurzgesprochen | ▬ langgesprochen |

persönliche Fürwörter:

| | |
|---|---|
| ihnen | ihr |
| ihm | ihn |
| ihrem | ihren |
| ihre | |

**4** Frau Bauer ist im Urlaub. Klaus hat jeden Tag ihren Hund gefüttert. Dem Hund geht es gut. Vater gießt ihren Garten. Mutter lüftet täglich ihre Wohnung und wird ihr nach ihrer Rückkehr einen Kuchen backen.

Schreibe den Text ab.
Unterstreiche die persönlichen Fürwörter.

**5** Schreibe den Text in einen Brief um.
Beachte die Großschreibung der Anredefürwörter.

Liebe Frau Bauer,

wie geht es Ihnen? Ich habe jeden Tag . . . ✎

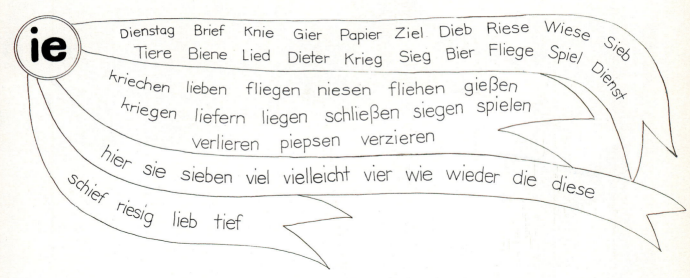

**ie**

Dienstag  Brief  Knie  Gier  Papier  Ziel  Dieb  Riese  Wiese  Sieb
Tiere  Biene  Lied  Dieter  Krieg  Sieg  Bier  Fliege  Spiel  Dienst

kriechen  lieben  fliegen  niesen  fliehen  gießen
kriegen  liefern  liegen  schließen  siegen  spielen
verlieren  piepsen  verzieren

hier  sie  sieben  viel  vielleicht  vier  wie  wieder  die  diese

schief  riesig  lieb  tief

**1** Lege dir eine Wortliste mit ‌ie‌ -Wörtern an.

**2** Laß dir die Wörter öfter diktieren.

**3** Schreibe Sätze, in denen viele ‌ie‌ -Wörter vorkommen.

Dieter liegt am Dienstag auf der Wiese
und spielt vielleicht sieben Lieder.

**4** Die Verben auf der Schriftrolle bilden die Vergangenheit
mit ‌ie‌ .
Lege dir eine Tabelle an und trage sie ein.

schweigen
stoßen
steigen
raten
heißen
halten
schlafen
rufen
reiben
blasen
treiben
bleiben
fallen
lassen
schreiben
laufen
steigen
schreien
braten
scheinen

| Grundform | Gegenwart | Vergangenheit |
|---|---|---|
| schweigen | ich schweige | ich schwieg |
| . . . ✎ | . . . ✎ | . . . ✎ |

**5** Füge in den Text Vergangenheitsformen mit ‌ie‌ ein.
Schreibe den Text ab.

Peter ▬▬ einen Brief, während Vater in der Pfanne Schnitzel
▬▬. Opa ▬▬ ein Nickerchen im Sessel, während draußen die
Sonne ▬▬. Später ▬▬ Peter seinen Hund herbei und ▬▬ mit
ihm auf die Wiese. Weil der Wind so kräftig ▬▬, ▬▬ sein
Drachen schnell hoch. Peter ▬▬ ins Gras und ▬▬ die Schnur
los.
Da ▬▬ der Drachen davon.

Das Leben der Naturvölker war voller Abenteuer.
Ihre Beute mußten sie mit einfachen Schleudern oder Keulen
erlegen. Für ihre Kleidung zogen sie den Säugetieren die Felle ab.
Aus den Häuten fertigten sie einfache Beutel. Kräuter und Beeren
wurden gesammelt und äußerst mühselig getrocknet.
Wälle aus Steinen um die Hütten schützten vor wütenden Bären
und heulenden Tieren. Scheunen oder Ställe zur Haustierhaltung
gab es noch nicht.
An einer Stelle vor der Hütte brannte Tag und Nacht ein Feuer,
das zur Freude aller treu in Gang gehalten werden mußte.
Beim Angeln schlugen oft ungeheuer hohe Wellen über die kleinen
Kanus herein und spülten die teuer erbeuteten Fische fort.
Nur noch an wenigen Plätzen der Erde leben heute noch Leute wie
in den ältesten Zeiten.

**1**   Suche aus dem Text alle Wörter mit dem Zwielaut $\boxed{eu}$ heraus
und schreibe sie in einer Wortliste auf.

**2**   Schlage weitere Wörter im Wörterbuch nach. Ergänze deine
Liste. Trainiere diese Wörter.

**3**   Im Text findest du gleichklingende Wörter, die unterschiedlich geschrieben werden. Stelle sie paarweise
zusammen.

die Felle − die Fälle, . . . 🖉

**4**   Verwende jedes Wort in einem sinnvollen Satz.

Leder wird aus den Häuten von Tieren hergestellt.

**5**   Suche im Text Wörter mit $\boxed{ä}$ und $\boxed{äu}$ .
Stelle Wortfamilien zusammen.

Säugetier: saugen, der Säugling, säugen, . . . 🖉

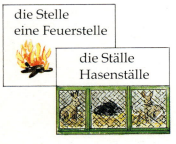

die Stelle
eine Feuerstelle

die Ställe
Hasenställe

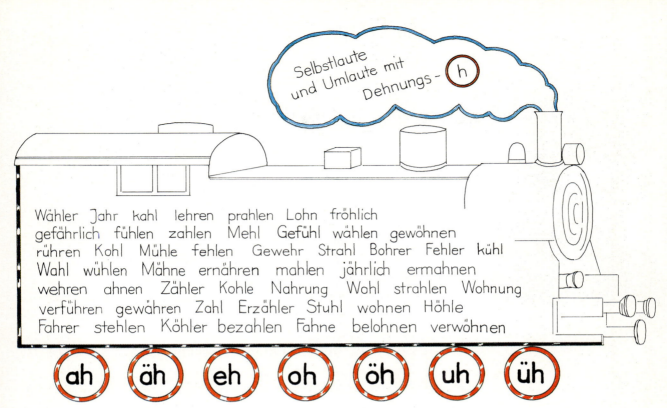

Selbstlaute und Umlaute mit Dehnungs- h

Wähler Jahr kahl lehren prahlen Lohn fröhlich
gefährlich fühlen zahlen Mehl Gefühl wählen gewöhnen
rühren Kohl Mühle fehlen Gewehr Strahl Bohrer Fehler kühl
Wahl wühlen Mähne ernähren mahlen jährlich ermahnen
wehren ahnen Zähler Kohle Nahrung Wohl strahlen Wohnung
verführen gewähren Zahl Erzähler Stuhl wohnen Höhle
Fahrer stehlen Köhler bezahlen Fahne belohnen verwöhnen

ah    äh    eh    oh    öh    uh    üh

**❶** Ordne die Wörter. Schreibe so:

ah: k (ah) l, pr (ah) len, . . . ✎

äh: W (äh) ler, . . . ✎

**❷** Übt die Wörter im Staffeldiktat:

* Bildet Gruppen von 3−4 Kindern.
* Bestimmt ein Kind, das diktiert.
* Das erste Kind in der Staffel schreibt das erste diktierte Wort auf ein Blatt und reicht es weiter.
* Das nächste Kind kontrolliert und schreibt nach Diktat das nächste Wort.
* Die Staffel wird fortgesetzt, bis alle Wörter geschrieben sind.
* Zum Schluß werden die Wörter von der ganzen Gruppe nochmals kontrolliert.

**❸** Suche verwandte Wörter:

der Wähler, die Wahl, wählen, wahllos, . . . ✎

**❹** Ordne die Wörter der Wortfamilien nach Wortarten.

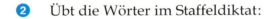

Sabine las in einer Fibel
die Geschichte von einem einsamen Igel.
Der Igel besuchte den fleißigen Biber.
Sie gingen ins Kino und trafen den Tiger.
Neben dem Tiger saß ein Kaninchen
mit lustigen Ohren. Es hieß Kathrinchen.
Der Tiger aß eine Apfelsine.
Der Igel bekam eine Mandarine.
Nach dem Kino gingen alle ins Haus von Kathrinchen.
Am Fenster hingen schöne, bunte Gardinchen.
Sie machten ein Feuer im Kamin
und hörten Musik, bis der Mond erschien.
Dann sagte der Tiger: „Laßt uns Freunde sein!"
Nun war der Igel nicht mehr allein.

**1** Schreibe das Gedicht ab.
Schreibe alle Substantive mit langgesprochenem $\boxed{i}$ farbig.

**2** Dichte Reime mit diesen Wörtern:

Silo – Kilo   Fabrik – Musik   Turbine – Maschine
Rosine – Lawine   Vitrine – Gardine   Margarine – Sabine

In ein großes Silo passen . . . ✎

**3** Erkläre die Bedeutung der Substantive mit $\boxed{\underline{i}}$ in Sätzen.

**4** Bilde zusammengesetzte Substantive:

die Tigermähne, die Fibelseite, . . . ✎

kühlen
spülen
kehren
häckseln
melken
bohren
waschen
nähen

**5** Setze verschiedene Verben mit dem Substantiv Maschine zusammen. Schreibe die zusammengesetzten Substantive.

rühren   Maschine   Rührmaschine, . . . ✎

**6** Trenne die Wörter. Schreibe so:

Rühr – ma – schi – ne, Kühl – ma – schi – ne, . . . ✎

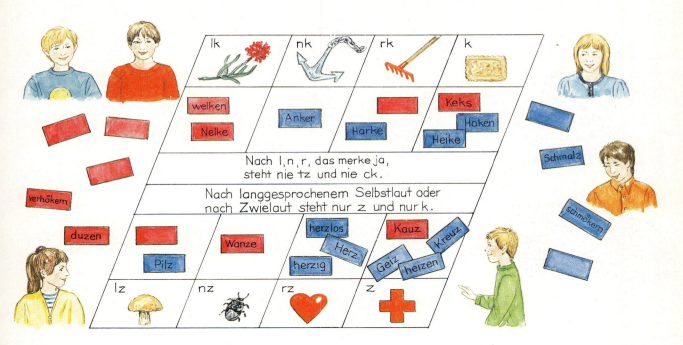

The following words appear on the game board:

| lk | nk | rk | k |
|---|---|---|---|
| welken | Anker | Harke | Keks |
| Nelke | | Heike | Haken |

Nach l, n, r, das merke ja,
steht nie tz und nie ck.

Nach langgesprochenem Selbstlaut oder
nach Zwielaut steht nur z und nur k.

| lz | nz | rz | z |
|---|---|---|---|
| Pilz | Wanze | herzlos | Kauz |
| | | Herz | Kreuz |
| | | herzig | Geiz |
| | | | heizen |

verhökern · duzen · Schmalz · schmökern

① Trainiert Wörter im Gruppenspiel:

&ast; Legt euch das Spielfeld an.
&ast; Bildet zwei Gruppen.
&ast; Schneidet Wortkärtchen.
  Jede Gruppe hat eine eigene Farbe.
&ast; Sammelt Wörter für alle Spielfelder.
  Benutzt dazu Wörterbücher und die Wörterliste.
&ast; Schreibt die Wörter auf die Wortkärtchen und legt sie auf
  dem passenden Spielfeld ab.
&ast; Gewonnen hat die Gruppe, die insgesamt die meisten
  Kärtchen abgelegt hat.

② Übertrage die Wörter in Tabellen.

③ Bilde Wortfamilien.

| Kreuzung | Reiz | Geiz | Heizung |
|---|---|---|---|

④ Bilde zusammengesetzte Substantive.

| Weizen | Keks | Notiz | Schnake |
|---|---|---|---|

⑤ Trenne diese Wörter.

Wei – zen – ern – te, . . . ✎

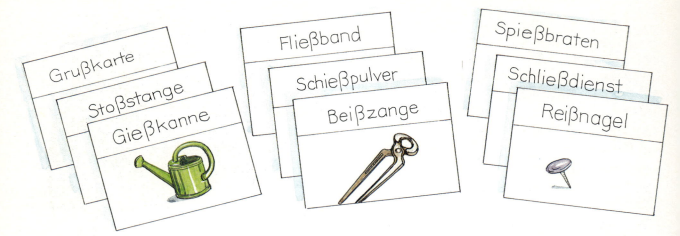

**1** Zu jedem zusammengesetzten Substantiv gehört ein Verb. Stelle so zusammen:

die Grußkarte – grüßen, . . . 🖉

| hin | | | | |
|---|---|---|---|---|
| zu | her | | | |
| zer | aus | vor | | |
| be | ent | ver | ein | |
| auf | ab | an | er | weg |

**2** Setze die Verben mit Wortbausteinen zusammen.

gießen: begießen, aufgießen, ausgießen, eingießen, weggießen, angießen, . . . 🖉

**3** Erkläre die zusammengesetzten Substantive in Sätzen.

**4** Alle Adjektive, die in den Reimen fehlen, enden mit einem ß . Setze passend ein und schreibe die Reime ab.

blaß

weiß  heiß

bloß  süß

Im Regen werde ich naß .
Ein Kranker wird rasch ▬▬.
Schnee ist immer ▬▬.
Die Sonne scheint oft ▬▬.
Nicht alle Menschen sind groß
Ohne Schuhe bleiben die Füße ▬▬.
Der Honig schmeckt herrlich ▬▬.
Zum Schluß sage ich einfach Tschüs.

**5** Erkläre die zusammengesetzten Adjektive in Sätzen.

| leichenblaß | pudelnaß | tropfnaß | riesengroß |
|---|---|---|---|
| blütenweiß | zuckersüß | schneeweiß | honigsüß |

Schreibe so:

leichenblaß – so blaß wie eine Leiche, . . . 🖉

*Wer ist hier schwerhörig?*

A: Darf ich einmal lesen, was sie gestern lasen?
B: Was soll ich lieber lassen?
A: Kann ich das Blatt zerreißen?
B: Wohin wollen Sie verreisen?
A: Ich liebe bunte Wiesen.
B: Was wollen Sie von mir wissen?
A: Sehen Sie dort die schöne Rose?
B: Wo, sagten Sie, stehen die Rosse?

**1** Wodurch kommen die Mißverständnisse zustande?

**2** Schreibe den Dialog ab. Kennzeichne in den Wörtern, die leicht zu verwechseln sind, die Buchstaben s , ss , ß mit verschiedenen Farben.

**3** Setze die Verben passend ein und schreibe die Sätze.

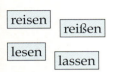

reisen   reißen

lesen   lassen

Bernd ▮ im Sommer nach Spanien. Lisa ▮ ein Blatt aus ihrem Heft. Klaus ▮ ein spannendes Buch. Anne ▮ ihren Drachen steigen. ▮ mir bitte etwas vor! ▮ mich bitte in Ruhe!

**4** In das Gedicht vom Kalb und vom Pfau sollst du dreimal daß und sonst immer nur das einsetzen. Überprüfe zuerst mit der Regel:

> Das Wort das kann man sinnvoll durch dieses oder welches ersetzen. Beim Wort daß bringt die Ersatzprobe keinen Sinn.

Einst kam ein Kalb, ▮ war noch klein,
zum Pfau in den Palast hinein.
▮ Kalb sah, ▮ der Pfau grad las,
und fragte ihn: „Macht dir ▮ Spaß?"
Der Pfau sah auf ▮ Kalb hinunter:
„▮ Büchlein macht mich sonntags munter.
Du weißt, ▮ heute Sonntag ist,
▮ ist ein Tag, an dem man liest."
Da sprach ▮ Kalb: „▮ ist ja toll,
▮ man auch sonntags lesen soll."

**5** Schreibe den Text ab. Kennzeichne die drei daß .

# Schnell und richtig nachschlagen

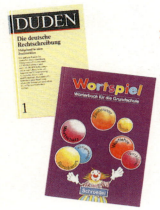

❱❱ Substantive in der Einzahl nachschlagen:

| | |
|---|---|
| Bälle | bei Ball |
| Häuser | bei Haus |

❱❱ Verben und Verbformen in der Grundform nachschlagen:

| | |
|---|---|
| er liest | bei lesen |
| sie sieht | bei sehen |
| gegessen | bei essen |
| er kam | bei kommen |

❱❱ Adjektive in der Grundstufe nachschlagen:

| | |
|---|---|
| älter | bei alt |
| höher | bei hoch |
| am längsten | bei lang |

❱❱ Zusammengesetzte Substantive zerlegen und getrennt nachschlagen:

| | |
|---|---|
| Haustür | bei Haus und bei Tür |
| Rennbahn | bei Bahn und bei rennen |
| Sauerkraut | bei Kraut und bei sauer |

❱❱ Zusammengesetzte Verben zuerst unzertrennt nachschlagen:

| | |
|---|---|
| hochspringen | bei hochspringen oder bei hoch und bei springen |
| zusammensetzen | bei zusammensetzen oder bei setzen und bei zusammen |
| radfahren | bei radfahren oder bei fahren und bei Rad |

❱❱ Zusammengesetzte Adjektive zerlegen und getrennt nachschlagen:

| | |
|---|---|
| zuckersüß | bei süß und bei Zucker |
| blaugrün | bei blau und bei grün |
| laufstark | bei laufen und bei stark |

➡ Wörter mit Wortbausteinen zuerst unzertrennt nachschlagen, sonst beim Stammwort suchen:

| | | |
|---|---|---|
| hinfallen | bei hinfallen | oder bei fallen |
| ungerade | bei ungerade | oder bei gerade |
| Vorsilbe | bei Vorsilbe | oder bei Silbe |
| | | |
| fehlbar | bei fehlbar | oder bei fehlen |
| glücklich | bei glücklich | oder bei Glück |
| gütig | bei gütig | oder bei gut |
| | | |
| Glöckchen | bei Glöckchen | oder bei Glocke |
| Männlein | bei Männlein | oder bei Mann |
| | | |
| Verbesserung | bei Verbesserung | oder bei verbessern |
| | | oder bei besser |
| Erlebnis | bei Erlebnis | oder bei erleben |
| | | oder bei leben |
| Versteinerung | bei Versteinerung | oder bei versteinern |
| | | oder bei Stein |

➡ Systematisch suchen, wenn es für einen Laut mehrere Schreibmöglichkeiten gibt:

* ai oder ei

Die Violine hat vier Saiten.
Dieses Buch hat 128 Seiten.

* k oder ch

Die Chinesin hat einen Kimono.

* f oder v

Der Vogel ist nach langem Flug erschöpft.

* w oder v

In der Vase ist Wasser.

* chs, cks, ks oder x

Die Hexe backt Kekse.
Das Eidechsenei hat schon einen Knacks.

# Wörterliste

 **A**

der **Abend,** die Abende
**abends**
das **Abenteuer,** die Abenteuer
**acht**
der **Acker,** die Äcker
der **Advent**
**ahnen,** du ahnst, sie ahnte
**ähnlich,** eine ähnliche Farbe
**alle,** alles
**allmählich**
**alt,** ein alter Mann
die **Angst,** die Ängste
die **Antwort,** die Antworten
**antworten,** du antwortest,
ich antwortete
der **Apfel,** die Äpfel
der **April**
die **Arbeit,** die Arbeiten
**arbeiten,** er arbeitet, sie arbeitete
der **Ärger**
**ärgern,** du ärgerst dich,
ich ärgerte mich
**arm,** eine arme Frau
der **Arzt,** die Ärzte
die **Ärztin,** die Ärztinnen
der **Ast,** die Äste
das **Auge,** die Augen
der **Augenblick,** die Augenblicke
der **August**
das **Auto,** die Autos

 **B**

der **Bach,** die Bäche
**backen,** du backst, ich backte
der **Bäcker,** die Bäcker
**baden,** sie badet, er badete
die **Bahn,** die Bahnen
**bald**
der **Ball,** die Bälle
die **Bank,** die Bänke
der **Bär,** die Bären

**basteln,** er bastelt, sie bastelte
der **Bauer,** die Bauern
die **Bäuerin,** die Bäuerinnen
der **Baum,** die Bäume
die **Beere,** die Beeren
das **Beet,** die Beete
**befehlen,** sie befiehlt, du befahlst
**befriedigend,** eine befriedigende
Arbeit
**beginnen,** es beginnt, es begann
**beißen,** er beißt, er biß
**bekommen,** du bekommst, ich bekam
**beobachten,** sie beobachtet,
wir beobachteten
**bequem,** ein bequemer Schuh
der **Berg,** die Berge
der **Beruf,** die Berufe
**besitzen,** er besitzt, sie besaß,
wir haben besessen
das **Bett,** die Betten
**biegen,** du biegst, ich bog
die **Biene,** die Bienen
das **Bild,** die Bilder
**billig,** ein billiger Preis
**binden,** du bindest, ich band
die **Birne,** die Birnen
**bitten,** sie bittet, sie bat mich
**blasen,** du bläst, ich blies
**blaß,** eine blasse Haut
das **Blatt,** die Blätter
**blau,** ein blauer Himmel
**bleiben,** er bleibt, ich blieb
**blicken,** sie blickt, sie blickte
der **Blitz,** die Blitze
**blühen,** es blüht, es blühte
die **Blume,** die Blumen
die **Blüte,** die Blüten
die **Bohne,** die Bohnen
**bohren,** er bohrt, sie bohrte
das **Boot,** die Boote
**brauchen,** du brauchst, ich brauchte
**brav,** ein braver Hund
**breit,** ein breiter Bach
**brennen,** es brennt, es brannte
das **Brett,** die Bretter
der **Brief,** die Briefe
**bringen,** sie bringt, er brachte
das **Brot,** die Brote

die **Brücke,** die Brücken
der **Bruder,** die Brüder
der **Brunnen,** die Brunnen
das **Buch,** die Bücher
**bunt,** ein buntes Tuch
die **Burg,** die Burgen
der **Bus,** die Busse
die **Butter**

# C

der **Chor,** die Chöre
der **Christ,** die Christen
**Christus**
der **Clown,** die Clowns

# D

das **Dach,** die Dächer
**dampfen,** es dampft, es dampfte
der **Dank**
**danken,** du dankst, ich dankte
**dann**
**denken,** sie denkt, er dachte
**deutsch,** die deutsche Sprache
**Deutschland**
der **Dezember**
**dick,** ein dicker Daumen
der **Dienstag**
das **Diktat,** die Diktate
das **Ding,** die Dinge
der **Donner**
**donnern,** es donnert, es donnerte
der **Donnerstag**
das **Dorf,** die Dörfer
die **Dose,** die Dosen
**draußen**
**drehen,** du drehst, du drehtest
**drei**
**drohen,** er droht, sie drohte
der **Duft,** die Düfte
**duften,** es duftet, es duftete
**dumm,** ein dummer Streich
**dunkel,** eine dunkle Nacht
**dünn,** ein dünner Faden
**dürfen,** du darfst, ich durfte
der **Durst**

# E

die **Ecke,** die Ecken
das **Ei,** die Eier
das **Eichhörnchen,** die Eichhörnchen
**eins**
**einzeln,** einzelne Kinder
das **Eis**
der **Elefant,** die Elefanten
**elf**
die **Eltern**
das **Ende,** die Enden
**endlich**
der **Engel,** die Engel
**entdecken,** sie entdeckt, er entdeckte
die **Ente,** die Enten
**entgegen**
**entschuldigen,** sie entschuldigt sich,
ich entschuldigte mich
**entzwei**
die **Erde**
das **Ergebnis,** die Ergebnisse
das **Erlebnis,** die Erlebnisse
**erschrecken,** du erschrickst,
ich erschrak, du erschreckst mich,
ich erschreckte dich
der **Erwachsene,** die Erwachsenen
**erwidern,** sie erwidert, ich erwiderte
**erzählen,** sie erzählt, sie erzählte
der **Esel,** die Esel
**essen,** ich esse, er ißt, sie aß
die **Eule,** die Eulen
**Europa**

# F

die **Fabrik,** die Fabriken
**fahren,** sie fährt, er fuhr
das **Fahrrad,** die Fahrräder
das **Fahrzeug,** die Fahrzeuge
**fallen,** er fällt, er fiel
die **Familie,** die Familien
**fangen,** du fängst, ich fing
**farbig,** ein farbiges Bild
das **Faß,** die Fässer
**fassen,** ich fasse, du faßt, sie faßte
**fast,** ich lese fast so gut wie du
der **Februar**
die **Feder,** die Federn
die **Fee,** die Feen
**fehlen,** er fehlt, sie fehlte

der **Fehler,** die Fehler
**feiern,** du feierst, ich feierte
der **Feind,** die Feinde
das **Feld,** die Felder
das **Fell,** die Felle
das **Fenster,** die Fenster
die **Ferien**
**fernsehen,** er sieht fern, sie sah fern
der **Fernseher,** die Fernseher
**fertig,** das fertige Bild
das **Fest,** die Feste
**fest,** ein fester Knoten
**fett,** eine fette Beute
das **Feuer,** die Feuer
**finden,** sie findet, er fand
der **Fisch,** die Fische
**fleißig,** ein fleißiges Kind
die **Fliege,** die Fliegen
**fliegen,** du fliegst, sie flog
**fliehen,** er flieht, er floh
**fließen,** es fließt, es floß,
es ist geflossen
das **Flugzeug,** die Flugzeuge
der **Fluß,** die Flüsse
die **Frage,** die Fragen
**fragen,** er fragt, sie fragte
die **Frau,** die Frauen
der **Freitag**
**fressen,** es frißt, es fraß
die **Freude,** die Freuden
der **Freund,** die Freunde
die **Freundin,** die Freundinnen
**freundlich,** der freundliche Nachbar
der **Friede**
**frieren,** du frierst, ich fror
**frisch,** das frische Obst
**fröhlich,** ein fröhliches Kind
der **Frosch,** die Frösche
**fruchtbar,** das fruchtbare Land
**früh,** früher
der **Frühling**
das **Frühstück**
**frühstücken,** ich frühstücke,
du frühstücktest
der **Fuchs,** die Füchse
**fühlen,** sie fühlt, er fühlte
**füllen,** er füllt, sie füllte
der **Füller,** die Füller
**fünf**
die **Furcht**
der **Fuß,** die Füße

# G

die **Gans,** die Gänse
**ganz,** ganz schnell
der **Garten,** die Gärten
der **Gast,** die Gäste
**geben,** sie gibt, er gab
das **Gebirge**
der **Geburtstag,** die Geburtstage
das **Gedicht,** die Gedichte
die **Geduld**
die **Gefahr,** die Gefahren
**gefährlich,** eine gefährliche Kreuzung
das **Geheimnis,** die Geheimnisse
**gehen,** er geht, du gingst
**gelb,** der gelbe Falter
das **Geld**
die **Gemeinde**
**gemeinsam,** das gemeinsame Essen
das **Gemüse**
**gemütlich,** ein gemütlicher Abend
das **Gepäck**
das **Gerät,** die Geräte
das **Geschäft,** die Geschäfte
**geschehen,** es geschieht, es geschah
das **Geschenk,** die Geschenke
die **Geschichte,** die Geschichten
das **Gespenst,** die Gespenster
das **Gespräch,** die Gespräche
**gesund,** ein gesundes Kind
das **Getränk,** die Getränke
**gewinnen,** du gewinnst, er gewann
das **Gewitter**
**gießen,** sie gießt, er goß,
wir haben gegossen
**glänzen,** es glänzt, es glänzte
das **Glas,** die Gläser
**glatt,** ein glatter Boden
**glauben,** sie glaubt, sie glaubte
die **Glocke,** die Glocken
das **Glück**
**glücklich,** ein glücklicher Mensch
**graben,** er gräbt, sie grub
das **Gras,** die Gräser
**greifen,** sie greift, er griff
**groß,** ein großes Haus
**grün,** das grüne Blatt
der **Gruß,** die Grüße
**grüßen,** du grüßt, sie grüßte
**gucken,** du guckst, er guckte
**gut,** eine gute Tat

**H**

das **Haar,** die Haare
**haben,** du hast, sie hat, ihr habt,
er hatte
der **Hahn,** die Hähne
**halb,** eine halbe Stunde
die **Hälfte,** die Hälften
der **Hals,** die Hälse
**halten,** du hältst, er hielt
die **Hand,** die Hände
**hängen,** es hängt, es hing
**hart,** ein hartes Holz
der **Hase,** die Hasen
das **Haus,** die Häuser
die **Hecke,** die Hecken
das **Heft,** die Hefte
**heilig,** ein heiliger Ort
die **Heimat**
**heiß,** das heiße Wasser
**heißen,** ich heiße, sie hieß
**heizen,** er heizt, wir heizten
**helfen,** du hilfst, ich half
**hell,** ein heller Stern
das **Hemd,** die Hemden
der **Herbst**
der **Herr,** die Herren
das **Herz,** die Herzen
**herzlich,** ein herzlicher Gruß
die **Hexe,** die Hexen
**hier**
der **Himmel**
die **Hitze**
das **Hobby,** die Hobbys
**hoch,** der hohe Turm
**hoffen,** du hoffst, er hoffte
**hoffentlich**
die **Hoffnung,** die Hoffnungen
**höflich,** ein höflicher Gast
die **Höhle,** die Höhlen
**holen,** sie holt, er holte
das **Holz,** die Hölzer
der **Honig**
**hören,** sie hört, er hörte
das **Huhn,** die Hühner
der **Hund,** die Hunde
der **Hunger**
**hungrig,** der hungrige Magen
**hüpfen,** du hüpfst, ich hüpfte
der **Hut,** die Hüte
die **Hütte,** die Hütten

 **I**

die **Idee,** die Ideen
der **Igel,** die Igel
**immer**
**innen**
die **Insel,** die Inseln
**interessant,** ein interessantes Bild
**irgendwo**

 **J**

die **Jacke,** die Jacken
die **Jagd**
**jagen,** er jagt, er jagte
der **Jäger,** die Jäger
das **Jahr,** die Jahre
**jammern,** er jammert, sie jammerte
der **Januar**
**jemand**
**jetzt**
die **Jugend**
der **Juli**
**jung,** ein junger Hund
der **Junge,** die Jungen
der **Juni**

 **K**

der **Käfer,** die Käfer
der **Kaffee**
der **Käfig,** die Käfige
der **Kakao**
**kalt,** das kalte Wasser
das **Kamel,** die Kamele
der **Kamm,** die Kämme
**kämmen,** ich kämme mich,
sie kämmte sich
**kämpfen,** du kämpfst, er kämpfte
die **Kanne,** die Kannen
der **Käse**
die **Kartoffel,** die Kartoffeln
die **Kasse,** die Kassen
die **Katze,** die Katzen
**kaufen,** er kauft, sie kaufte
der **Keks,** die Kekse
**kennen,** du kennst, ich kannte
die **Kerze,** die Kerzen
das **Kind,** die Kinder
die **Kirche,** die Kirchen

die **Kirsche,** die Kirschen
das **Kissen,** die Kissen
die **Klasse,** die Klassen
**klatschen,** es klatscht, es klatschte
der **Klee**
das **Kleid,** die Kleider
**klein,** der kleine Finger
**klettern,** du kletterst, sie kletterte
**klopfen,** es klopft, es klopfte
**klug,** ein kluger Kopf
**knabbern,** du knabberst,
er knabberte
das **Knie,** die Knie
der **Knopf,** die Knöpfe
der **Koffer,** die Koffer
**komisch,** eine komische Geschichte
**kommen,** sie kommt, er kam
der **König,** die Könige
**können,** ich kann, du konntest
der **Kopf,** die Köpfe
der **Korb,** die Körbe
**krabbeln,** er krabbelt, er krabbelte
die **Kraft,** die Kräfte
**kräftig,** die kräftige Hand
**krank,** ein krankes Kind
der **Kranz,** die Kränze
der **Kreis,** die Kreise
das **Kreuz,** die Kreuze
die **Kreuzung,** die Kreuzungen
**kriechen,** er kriecht, er kroch
**kriegen,** du kriegst, sie kriegte
der **Krieg,** die Kriege
das **Krokodil,** die Krokodile
**krumm,** eine krumme Linie
der **Kuchen,** die Kuchen
die **Kuh,** die Kühe
**kühl,** ein kühler Wind
**kurz,** eine kurze Hose
der **Kuß,** die Küsse
**küssen,** sie küßt, er küßte

# L

**lachen,** sie lacht, er lachte
die **Lampe,** die Lampen
das **Land,** die Länder
**lang,** ein langes Kleid
**langsam,** ein langsames Tempo
**langweilig,** ein langweiliger Film
der **Lärm**
**lassen,** du läßt, sie ließ
**lästig,** eine lästige Fliege

die **Laterne,** die Laternen
**laufen,** er läuft, sie lief
**laut,** eine laute Glocke
**läuten,** sie läutet, sie läutete
**leben,** du lebst, er lebte
**lecker,** ein leckeres Essen
**leer,** ein leeres Glas
**legen,** er legt, er legte
der **Lehrer,** die Lehrer
die **Lehrerin,** die Lehrerinnen
**leiden,** du leidest, ich litt
**leihen,** ich leihe, sie lieh
**leise,** eine leise Klasse
die **Leiter,** die Leitern
**lernen,** er lernt, sie lernte
**lesen,** sie liest, er las
die **Leute**
das **Licht,** die Lichter
**lieb,** die liebe Oma
die **Liebe**
**lieben,** sie liebt, er liebte
das **Lied,** die Lieder
**liegen,** es liegt, es lag
**links,** die linke Seite
**loben,** er lobt, sie lobte
der **Löffel,** die Löffel
das **Los,** die Lose
**los,** es geht los
der **Löwe,** die Löwen
die **Luft,** die Lüfte
**lustig,** ein lustiges Lied

 **M**

**machen,** er macht, sie machte
das **Mädchen,** die Mädchen
**mähen,** er mäht, sie mähte
**mahlen,** der Müller mahlt Korn
der **Mai**
der **Mais**
**malen,** die Malerin malt ein Bild
der **Mann,** die Männer
der **Mantel,** die Mäntel
das **Märchen,** die Märchen
die **Mark,** zehn Mark
der **Markt,** die Märkte
der **März**
die **Maschine,** die Maschinen
die **Maus,** die Mäuse
die **Medizin**
das **Meer,** die Meere
das **Mehl**

mehr, mehrere
der Mensch, die Menschen
messen, du mißt, sie maß
das Messer, die Messer
die Milch
das Mißverständnis,
die Mißverständnisse
das Mitleid
der Mittag, die Mittage, mittags
die Mitte, mitten in der Stadt
der Mittwoch
mögen, du magst, sie mochte
der Monat, die Monate
der Mond, die Monde
der Montag
der Morgen, am Morgen, morgens
müde, die müden Beine
die Mühe
die Mühle, die Mühlen
mühsam, eine mühsame Arbeit
der Müll
der Mund, die Münder
die Musik
müssen, du mußt, sie mußte
der Mut
mutig, ein mutiger Schritt
die Mutter, die Mütter
die Mütze, die Mützen

 N

der Nachbar, die Nachbarn
die Nachbarin, die Nachbarinnen
die Nacht, die Nächte, nachts
nahe, näher, am nächsten
die Nahrung
der Name, die Namen
die Nase, die Nasen
naß, das nasse Haar
die Natur
natürlich, ein natürliches Verhalten
der Nebel
nehmen, du nimmst, er nahm,
wir haben genommen
nennen, du nennst, er nannte
das Nest, die Nester
neu, ein neuer Hut
neugierig, ein neugieriges Kind
neulich
neun
niedlich, ein niedliches Kätzchen
niemand
der Nikolaus

nirgends
nirgendwo
der November
die Nuß, die Nüsse

  O

das Obst
der Ofen, die Öfen
offen, die offene Tür
öffnen, sie öffnet, er öffnete
ohne
das Ohr, die Ohren
der Oktober
die Oma, die Omas
der Onkel, die Onkel
der Opa, die Opas
die Orange, die Orangen
ordentlich, ein ordentliches Zimmer
ordnen, du ordnest, wir ordneten
die Ordnung, die Ordnungen
der Ort, die Orte
Ostern

 P

das Paar, die Paare
paar, ein paar Nüsse
packen, sie packt, er packte
das Paket, die Pakete
der Papagei, die Papageien
das Papier, die Papiere
der Park, die Parks
parken, sie parkt, er parkte
passen, es paßt, es paßte
die Pause, die Pausen
pfeifen, du pfeifst, ich pfiff
der Pfennig, die Pfennige
das Pferd, die Pferde
Pfingsten
die Pflanze, die Pflanzen
pflanzen, du pflanzt, ich pflanzte
die Pflaume, die Pflaumen
pflegen, sie pflegt, er pflegte
pflücken, du pflückst, ich pflückte
die Pfütze, die Pfützen
der Pilz, die Pilze
das Plakat, die Plakate
der Plan, die Pläne
planen, er plant, sie plante
der Platz, die Plätze

**plötzlich**
der **Polizist,** die Polizisten
das **Pony,** die Ponys
die **Post**
der **Preis,** die Preise
**probieren,** sie probiert, er probierte
der **Pullover,** die Pullover
der **Punkt,** die Punkte
die **Puppe,** die Puppen
**pusten,** er pustet, sie pustete
**putzen,** sie putzt, er putzte

 **Qu**

das **Quadrat,** die Quadrate
**quaken,** er quakt, er quakte
**quälen,** es quält mich, ich quälte mich
die **Qualle,** die Quallen
der **Qualm**
**qualmen,** es qualmt, es qualmte
der **Quark**
das **Quartett,** die Quartette
der **Quatsch**
die **Quelle,** die Quellen
**quer**
**quieken,** es quiekt, es quiekte
**quietschen,** es quietscht, es quietschte
das **Quiz**

 **R**

das **Rad,** die Räder
**raten,** du rätst, sie riet
das **Rätsel,** die Rätsel
**rechts,** die rechte Hand
das **Regal,** die Regale
der **Regen**
**regnen,** es regnet, es regnete
**reich,** ein reiches Land
**reif,** ein reifer Apfel
die **Reihe,** die Reihen
der **Reis**
**reisen,** ich reise nach Ulm,
ich reiste viel umher
**reißen,** er reißt es kaputt,
es riß entzwei, es ist gerissen
**reizen,** es reizt mich, er reizte sie
**rennen,** sie rennt, er rannte
das **Rezept,** die Rezepte

**riechen,** ich rieche, ich roch
der **Riese,** die Riesen
**riesig,** ein riesiges Loch
der **Ring,** die Ringe
der **Rock,** die Röcke
der **Roggen**
**rollen,** er rollt, er rollte
der **Roller,** die Roller
die **Rose,** die Rosen
**rot,** der rote Mund
**rückwärts**
**rufen,** du rufst, ich rief
die **Ruhe**
**ruhig,** eine ruhige Klasse
**rund,** ein rundes Rad

 **S**

der **Saal,** die Säle
die **Saat,** die Saaten
**säen,** er sät, er säte
der **Saft,** die Säfte
**sagen,** sie sagt, er sagte
das **Salz**
der **Samen,** die Samen
**sammeln,** ich sammle, ich sammelte
der **Samstag**
**satt,** ein satter Magen
der **Satz,** die Sätze
**scharf,** ein scharfes Messer
der **Schatz,** die Schätze
**schauen,** du schaust, ich schaute
**scheinen,** sie scheint, sie schien
**schenken,** du schenkst, ich schenkte
der **Scherz,** die Scherze
**scheu,** ein scheuer Blick
**schief,** eine schiefe Linie
das **Schiff,** die Schiffe
**schimpfen,** du schimpfst,
ich schimpfte
**schlafen,** sie schläft, er schlief
**schlagen,** du schlägst, er schlug
**schlecht,** ein schlechter Witz
**schließen,** sie schließt, er schloß
**schließlich**
**schlimm,** ein schlimmer Scherz
der **Schlitten,** die Schlitten
das **Schloß,** die Schlösser
der **Schluß,** die Schlüsse
der **Schlüssel,** die Schlüssel

| | | | | |
|---|---|---|---|

**schmal,** ein schmaler Weg
**schmecken,** es schmeckt,
es schmeckte
der **Schmerz,** die Schmerzen
der **Schmetterling,** die Schmetterlinge
der **Schmutz**
**schmutzig,** ein schmutziges Tuch
die **Schnecke,** die Schnecken
der **Schnee**
**schneiden,** er schneidet, sie schnitt
**schneien,** es schneit, es schneite
**schnell,** ein schnelles Auto
der **Schnupfen**
die **Schokolade**
**schön,** ein schönes Bild
der **Schrank,** die Schränke
der **Schreck,** die Schrecken
**schreiben,** sie schreibt, er schrieb
**schreien,** er schreit, er schrie
der **Schritt,** die Schritte
der **Schuh,** die Schuhe
die **Schuld,** die Schulden
**schuld,** ich war schuld
die **Schule,** die Schulen
**schützen,** sie schützt, er schützte
**schwach,** ein schwaches Herz
die **Schwalbe,** die Schwalben
der **Schwamm,** die Schwämme
der **Schwan,** die Schwäne
**schwarz,** die schwarze Tinte
**schweigen,** du schweigst, ich schwieg
**schwer,** eine schwere Last
die **Schwester,** die Schwestern
**schwierig,** eine schwierige Aufgabe
**schwimmen,** sie schwimmt,
ich schwamm
**schwitzen,** er schwitzt, sie schwitzte
**sechs**
der **See,** die Seen
die **Seele,** die Seelen
**sehen,** du siehst, ich sah
**sehr**
**selbst**
**selbständig,** das selbständige Kind
**selten,** eine seltene Pflanze
der **September**
**setzen,** du setzt dich, er setzte sich
**sieben**
**singen,** du singst, ich sang
**sitzen,** du sitzt, ich saß
**sofort**
**sogar**
der **Sohn,** die Söhne
**sollen,** ihr sollt, ich sollte
der **Sommer**

die **Sonne,** die Sonnen
der **Sonntag,** die Sonntage
die **Sorge,** die Sorgen
**sorgen,** du sorgst, sie sorgte
**sorgfältig,** eine sorgfältige Arbeit
**spannend,** eine spannende Geschichte
der **Spaß,** die Späße
**spät,** am späten Abend
der **Spatz,** die Spatzen
**spazieren,** ich gehe gern spazieren
der **Spaziergang,** die Spaziergänge
der **Specht,** die Spechte
der **Spiegel,** die Spiegel
das **Spiel,** die Spiele
**spielen,** sie spielt, er spielte
die **Spinne,** die Spinnen
**spitz,** ein spitzer Stift
der **Sport**
**sprechen,** er spricht, er sprach
**springen,** du springst, er sprang
**spritzen,** es spritzt, es spritzte
**spüren,** du spürst es, ich spürte es
der **Staat,** die Staaten
die **Stadt,** die Städte
der **Stall,** die Ställe
**stark,** ein starker Arm
**stehen,** sie steht, er stand
**stehlen,** er stiehlt, er stahl
**steigen,** er steigt, er stieg
die **Stelle,** die Stellen
**stellen,** sie stellt, sie stellte
**sterben,** er stirbt, er starb
der **Stern,** die Sterne
**stets,** sie ist stets fröhlich
**still,** die stille Nacht
**stolpern,** du stolperst, ich stolperte
der **Stolz**
**stolz,** der stolze Hahn
**stören,** er stört, sie störte
**stoßen,** du stößt, er stieß mich
die **Straße,** die Straßen
**streiten,** ihr streitet, er stritt
**streng,** die strengen Eltern
der **Strumpf,** die Strümpfe
das **Stück,** die Stücke
der **Stuhl,** die Stühle
**stumm,** ein stummer Fisch
**stumpf,** ein stumpfes Messer
der **Sturm,** die Stürme
der **Sturz,** die Stürze
**stürzen,** sie stürzt, er stürzte
**suchen,** sie sucht, sie suchte
die **Suppe,** die Suppen
**süß,** eine süße Birne**

**T**

die **Tafel,** die Tafeln
der **Tag,** die Tage
das **Tal,** die Täler
die **Tanne,** die Tannen
die **Tante,** die Tanten
der **Tanz,** die Tänze
    **tanzen,** sie tanzt, er tanzte
die **Tasse,** die Tassen
    **tauschen,** du tauschst, ich tauschte
    **tausend**
der **Tee**
der **Teich,** die Teiche
der **Teddybär,** die Teddybären
der **Teig,** die Teige
    **teilen,** du teilst, wir teilten
das **Telefon,** die Telefone
    **telefonieren,** ich telefoniere,
    du telefoniertest
der **Teller,** die Teller
    **teuer,** eine teure Jacke
    **tief,** ein tiefes Loch
das **Tier,** die Tiere
der **Tisch,** die Tische
die **Tochter,** die Töchter
der **Tod**
    **tödlich,** das tödliche Gift
der **Topf,** die Töpfe
    **tot,** ein totes Tier
der **Tote,** die Toten
    **tragen,** sie trägt, er trug
die **Träne,** die Tränen
der **Traum,** die Träume
    **träumen,** du träumst, er träumte
die **Trauer**
    **traurig,** eine traurige Geschichte
    **treffen,** du triffst, ich traf
die **Treppe,** die Treppen
    **trinken,** sie trinkt, er trank
    **trocken,** die trockene Luft
der **Tropfen,** die Tropfen
    **tropfen,** es tropft, es tropfte
der **Trost**
    **trösten,** sie tröstet, er tröstete
der **Trotz**
    **trotzdem**
    **trotzen,** er trotzt, sie trotzte
das **Tuch,** die Tücher
die **Tulpe,** die Tulpen
    **tun,** du tust, ihr tut, ich tat, du tatest, wir
    haben getan
die **Tür,** die Türen
    **turnen,** sie turnt, er turnte

 **U**

    **üben,** er übt, er übte
    **überqueren,** sie überquert,
    sie überquerte
die **Überraschung,** die Überraschungen
    **übrig,** das übrige Gebäck
    **übrigens**
das **Ufer,** die Ufer
die **Uhr,** die Uhren
    **ungefähr**
    **unten**
der **Unterricht**
    **uralt,** ein uralter Ring
die **Urkunde,** die Urkunden
der **Urlaub**
der **Urwald,** die Urwälder

  **V**

die **Vase,** die Vasen
der **Vater,** die Väter
das **Veilchen,** die Veilchen
    **verbieten,** er verbietet, sie verbot
    **vergessen,** du vergißt, ich vergaß
der **Verkehr**
    **verletzen,** er verletzt sich,
    sie verletzte sich
    **verlieren,** sie verliert, er verlor
    **vernünftig,** ein vernünftiger Rat
    **verschieden,** die verschiedenen Arten
    **verstecken,** du versteckst,
    er versteckte
    **verwandt,** eine verwandte Familie
der **Verwandte,** die Verwandten
    **verwechseln,** du verwechselst,
    sie verwechselte
    **verzeihen,** du verzeihst, ich verzieh
das **Vesper**
    **viel,** viele Äpfel
    **vielleicht**
    **vier**
    **violett,** die violette Kreide
der **Vogel,** die Vögel
das **Volk,** die Völker
    **voll,** ein volles Glas
der **Vormittag,** die Vormittage
    **vornehm,** eine vornehme Dame
    **vorsichtig,** ein vorsichtiger Junge
der **Vorrat,** die Vorräte

 # W  # X

die **Waage,** die Waagen
**wach,** ein waches Auge
**wachsen,** du wächst, ich wuchs
der **Wagen,** die Wagen
**wählen,** sie wählt, er wählte
**wahr,** ein wahres Wort
**während**
der **Wald,** die Wälder
die **Wand,** die Wände
**wandern,** sie wandert, sie wanderte
**wann**
die **Ware,** die Waren
**warm,** die warme Milch
**waschen,** du wäschst dich,
er wusch sich
das **Wasser**
**wechseln,** du wechselst, ich wechselte
der **Wecker,** die Wecker
der **Weg,** die Wege
**weh,** es tut mir weh
**wehren,** ich wehre mich,
ich wehrte mich
**weich,** ein weiches Bett
**Weihnachten**
**weinen,** du weinst, ich weinte
**weiß,** der weiße Schnee
der **Weizen**
die **Welt,** die Welten
**wenig,** ein wenig Wasser
**wenigstens**
**werden,** du wirst, sie wird, er wurde
**werfen,** er wirft, er warf
das **Wetter**
**wichtig,** eine wichtige Nachricht
die **Wiese,** die Wiesen
**wild,** ein wildes Tier
der **Wind,** die Winde
**windig,** das windige Wetter
der **Winter**
**winzig,** ein winziges Stäubchen
**wissen,** du weißt, wir wußten
der **Witz,** die Witze
**wohnen,** sie wohnt, er wohnte
die **Wolke,** die Wolken
**wollen,** du willst, ich wollte
der **Wunsch,** die Wünsche
**wünschen,** du wünschst, sie wünschte
der **Würfel,** die Würfel
die **Wurst,** die Würste
die **Wut**
**wütend,** ein wütendes Kind

das **Xylophon,** die Xylophone

 # Y

das **Ypsilon**

 # Z

die **Zahl,** die Zahlen
**zählen,** du zählst, er zählte
der **Zahn,** die Zähne
der **Zaun,** die Zäune
**zehn**
**zeigen,** er zeigt, sie zeigte
das **Zelt,** die Zelte
der **Zettel,** die Zettel
das **Zeugnis,** die Zeugnisse
die **Ziege,** die Ziegen
**ziehen,** er zieht, sie zog
das **Ziel,** die Ziele
**ziemlich**
das **Zimmer,** die Zimmer
der **Zoo**
der **Zopf,** die Zöpfe
der **Zorn**
**zornig,** ein zorniger Mensch
der **Zucker**
**zuerst**
**zufrieden,** ein zufriedenes Kind
der **Zug,** die Züge
**zuletzt**
**zunächst**
**zurück**
**zusammen**
**zwei**
der **Zweig,** die Zweige
der **Zwerg,** die Zwerge
die **Zwiebel,** die Zwiebeln
**zwischen**
**zwölf**
der **Zylinder,** die Zylinder

| *Thematische Verknüpfung mit Heimat- und Sachunterricht* | *Sprechen* | *Schreiben und Gestalten* | *Texte verfassen* | *Sprachbetrachtung* | *Rechtschreiben* |
|---|---|---|---|---|---|
| **Gemeinsam starten** S. 4–11 <br> Freundschaften knüpfen und erhalten <br> Kleinprojekt: Ferienalbum der Klasse <br> Lernspiele | Sprechanlaß: Freundschaft; Ferienerlebnisse erzählen; Gruppengeschichten | Ein Freundschaftsband herstellen; ein Ferienalbum anlegen; ein Länderquartett herstellen; Einführung in die Lineatur 4; Wortarten-Teller gestalten | Bücherwurm-Heft; Schreibanlaß: Freundschaft; Gruppengeschichten | Wiederholung der Wortarten; Wortartenspiel | Arbeit mit der Wörterkartei; Groß-/Kleinschreibung der Wortarten; Diktatübung in Partnerarbeit (80 Wörter) |
| **Einkaufen** S. 12–17 <br> Vergleich und Prüfung eines Warenangebotes: Schreibgeräte <br> Aspekte des Umweltschutzes beim Einkauf <br> Wiederverwertbarkeit von Verpackungsmaterial: Buchumschläge <br> Warengruppen im Supermarkt | Informationen vergleichen und austauschen; etwas begründen; sachgerechte Auskunft erteilen; ein Beratungsgespräch spielen: Fragen und Antworten beim Einkauf; eine Meinung äußern, begründen und vertreten; ein Streitgespräch spielen; einen Vorgang beschreiben | Buchumschläge gestalten; einen Informationstext gestalten | einen Sachtext schreiben; zu Stichwörtern Fragen notieren; ein Verkaufsgespräch schreiben; Argumente schreiben; eine Arbeitsanleitung schreiben | Wörter zur Gliederung eines Sachfeldes; Wortarten: Substantiv, Verb, Adjektiv; Wortreihen zu Oberbegriffen; zusammengesetzte Substantive | Sachtext als Partnerdiktat; Großschreibung zusammengesetzter Substantive |
| **Tauschen** S. 18–23 <br> Tauschhandel <br> Von der Muschel zur Münze <br> Geld als Zahlungsmittel <br> Tauschmarkt | Zu einer Bildfolge erzählen; Tauschgespräche führen; über ein Märchen sprechen; ein Märchen spielen; etwas begründen; Informationen aus Bild und Text entnehmen; Tauschvorgänge spielen; ein Märchen in Szenen gliedern; Schattenspiel | Einen Sachtext schreiben und gestalten; eine Bildergeschichte malen und mit einem Text versehen | Tauschgespräche schreiben; zu einer Bildfolge eine Geschichte schreiben; zu einer Bildergeschichte einen Märchentext schreiben; Rollentexte schreiben | Funktion von Verben; Zeitstufen: Gegenwart – Vergangenheit; nach Oberbegriffen ordnen; Ausrufesätze | Diktat üben (89 Wörter) |
| **Für etwas werben** S. 24–27 <br> Plakat als Werbemittel <br> Werbung für ein friedliches Miteinander <br> Werbetexte <br> Sprachmittel der Werbung | Über die Bedeutung von Werbung und Werbemitteln sprechen; Meinungen begründen; etwas anpreisen; eine Geschichte übertrieben erzählen | Werbetexte mit Bildern verstärken; einen Anstecker entwerfen und herstellen; Plakate gestalten; Farbtäfelchen entwickeln und beschriften | Werbetexte schreiben; die Werbeansage für einen Zirkus schreiben; eine angefangene Geschichte fortsetzen | Die Wirkung sprachlicher Mittel erproben und zu einer Absicht bewußt einsetzen; Funktion von Adjektiven; Adjektive zu Gegensatzpaaren ordnen; zusammengesetzte Adjektive als bildhafte Vergleiche | Wörterkartei ergänzen; Kleinschreibung zusammengesetzter Adjektive |
| **Im Herbst** S. 28–33 <br> Früchte und Samen: Vermehrung und Verbreitung von Pflanzen <br> Der Igel: Verhalten eines Tieres im Herbst und Winter <br> Vogelzug: Standortwechsel als angeborene Verhaltensweise | Sachwissen austauschen und erweitern; aus Bildern und Sachtexten Informationen entnehmen und darüber sprechen; ein Märchen mit Hilfe von Bildern nacherzählen und spielen; Fantasiegeschichten entwickeln; Gesprächsszenen | Einen Märchentext schreiben und bebildern; einen Sachtext schreiben und gestalten | In einer Geschichte nachempfinden, was Samen im Wind erleben; Informationen zu einem Sachtext zusammenstellen; zu Bildern den Märchentext schreiben; Fantasiegeschichte schreiben; Gesprächsszenen schreiben; eine Landschaft in Sätzen beschreiben | Ein Sachfeld begrifflich ordnen; zusammengesetzte Substantive; Fragen und Antworten; Satzgegenstand und Satzaussage; den Satzgegenstand erfragen | Übung eines Wortschatzes im Sinnzusammenhang; Diktat üben (97 Wörter) |

| Thema / Seiten | Sprechen | Gestalten | Schreiben | Sprachbetrachtung | Rechtschreibung |
|---|---|---|---|---|---|
| **Vom Lesen** S. 34–41<br>Leseinteressen – Lesetips<br>Wie sich Bücher ordnen lassen<br>Orientierung in einer Bücherei: Büchereibesuch<br>Vorbereitung auf eine Autorenlesung<br>Bücherkalender | Sich über Leseerfahrungen austauschen; Meinungen und Urteile begründen; Sachverhalte durch Fragen erschließen; ein Gedicht ganzheitlich erfahren und erfassen; Lesewetten ausdenken | Lesetips schreiben und gestalten; ein Schmuckblatt gestalten; Blätter für einen Bücherkalender fertigen und gestalten | Lesetips schreiben; einen Klappentext schreiben; einen Sachtext formulieren | Persönliche Fürwörter; einfache Formen der wörtlichen Rede; Umstellung des Begleitsatzes; Wortfeld „sagen"; zusammengesetzte Verben; zweiteilige Satzaussage | Zeichensetzung bei der wörtlichen Rede; Diktat üben (96 Wörter); Partnerdiktat (98 Wörter) |
| **Licht und Wärme** S. 42–45<br>Die Bedeutung der Sonne für das Leben<br>Die Bedeutung des Feuers für den Menschen<br>Licht als Symbol<br>Advent | Empfindungen zu einem Bild mit Sprache ausdrücken; Stillübung; über Sachverhalte nachdenken und sprechen | Gestaltungsaufgabe: Lichterstern; Gestaltungsaufgabe: Sonne der Wünsche | Begründungen schreiben; zu einem Lied weitere Strophen schreiben; Gedanken und Empfindungen aufschreiben | Ergänzungen im Satz: Wen-/Was-Ergänzung und Wem-Ergänzung; Substantive mit nachgestelltem Wortbaustein -ung | Großschreibung bei Substantivierung mit dem nachgestellten Wortbaustein -ung |
| **Weihnachtszeit** S. 46–49<br>Europäische Weihnachtsbräuche<br>Weihnachtsbräuche in aller Welt | Über Weihnachtsbräuche in verschiedenen Ländern sprechen | Einen Wichteltext als Schmuckblatt gestalten; ein Leporello mit Weihnachtsbräuchen in aller Welt zusammenstellen und gestalten | eine Legende schreiben; einen Brief schreiben; Fortsetzung von Texten; Texte zu einem Rahmenthema | Wortfamilie als Gruppe von Wörtern mit einem gemeinsamen Wortstamm; Wortfamilien „geben" und „sehen" | Beachtung der Stammschreibweise bei verwandten Wörtern |
| **Tiere im Winter** S. 50–57<br>Anpassung von Tieren an Umweltbedingungen<br>Wintervorrat – Winterfett<br>Haarwechsel – Gefiederwechsel<br>Winterruhe – Winterschlaf – Winterstarre<br>Wild- und Vogelfütterung | Sachwissen austauschen und erweitern; Notizen vergleichen und besprechen; Frage-Antwort-Spiel; Wildtiere und Vögel genau beschreiben; Spurengeschichten erzählen; Darstellendes Spiel | Informationskarten anlegen; Gestaltungsaufgabe: Schneemann als Futterstelle für Vögel; ein Schmuckblatt gestalten | Sachnotizen; Rätsel; einen Text umschreiben; Beschreibungen von Tieren; Spurengeschichten schreiben; Bauanleitung; Rezept; durch Umstellung von Satzgliedern Satzanfänge variieren | Adjektive zur Unterscheidung und Beschreibung von Lebewesen und Sachverhalten; Vergleichsstufen des Adjektivs; zusammengesetzte Adjektive; Übungen zur Funktion des Adjektivs; Satzglieder erkennen und benennen: Satzgegenstand, Wen-/Was-Ergänzung und Wem-Ergänzung; Umstellproben; einen Text von der Vergangenheit in die Gegenwart umschreiben | Beachtung der Stammschreibweise bei der Steigerung des Adjektivs; Diktat üben (105 Wörter) |
| **Was ich einmal werden möchte** S. 58–61<br>Schulwechsel<br>Berufswünsche und Berufsbilder<br>Bildungswege<br>Erkundung weiterführender Schulen | Über Berufswünsche und Berufsbilder sprechen; etwas begründen; Meinungsbildung im Gruppengespräch; Informationen vergleichen; mit Fragen ein Sachfeld erschließen; Rollenspiel | Gesprächsergebnisse dokumentieren; einen Brief formgerecht schreiben | Über die Arbeit in verschiedenen Berufen schreiben; Gesprächsergebnisse notieren; Sachinformationen schreiben; Brief und Briefform; Rollentexte schreiben | Männliche und weibliche Berufsnamen; Anredefürwörter im Brief | Mehrzahlbildung bei weiblichen Berufsnamen; Großschreibung von Anredefürwörtern |

| Thematische Verknüpfung mit Heimat- und Sachunterricht | Sprechen | Schreiben und Gestalten | Texte verfassen | Sprachbetrachtung | Rechtschreiben |
|---|---|---|---|---|---|
| **Von der Arbeit** S. 62–65 Berufe und Arbeitsstätten im heimatlichen Raum Eine alte Arbeitsweise ist wieder modern: Färben mit Naturfarbstoffen | Arbeit pantomimisch darstellen; Ratespiel: Heiteres Berufe-raten; Sachtexte im Gespräch erschließen; Arbeitsschritte sprachlich genau wiedergeben | Gestaltungsaufgabe: Wandzeitung mit Informationen; Gestaltungsaufgabe: Sachtexte zu Naturfarb-stoffen | Einen Text zu vorgegebenen Stichwörtern schreiben; Sachtexte schreiben; Arbeitsanleitungen | Adjektivbildung mit den nachgestellten Wortbausteinen -ig, -lich, -los, -isch; ein Sachfeld begrifflich ordnen; Substantivierung mit -ung und -heit | Diktat üben (106 Wörter); Kleinschreibung der Adjektive mit -ig, -lich, -los, -isch; Großschreibung bei Substantiven mit -ung und -heit; Erweiterung der Wörterkartei; Diktat üben (111 Wörter) |
| **Mädchen und Jungen** S. 66–71 Gefühle Geheimnisse Rollenverhalten | Über Gefühle sprechen; Gefühle pantomimisch darstellen; Bilder und Texte besprechen und ausdeuten; individuelle Erfahrungen problematisieren; Kreisspiel; Partnergespräch; einem Text Informationen entnehmen; über Kinderrechte nach-denken; eigene Meinung äußern und vertreten; Argumentierspiel: Pro und Contra | Eine Geschichte aus Bildern und Texten zeichnen und schreiben; den Text eines Märchens schreiben und mit Bildern ausgestalten | Über Gefühle schreiben; eine Geschichte aus Bildern und Sätzen zu Ende schreiben; eine Tabelle anlegen und aufschreiben; Gedanken fortsetzen und aufschreiben; Beispielgeschichten; zu einer Bildergeschichte ein Märchen schreiben | Wörter und Sprachmuster zum Ausdruck von Gefühlen und Empfindungen | Übung eines Wortschatzes im Sinnzusammenhang |
| **Liebe zur Natur – Naturschutz** S. 72–75 Die Schönheit der Natur wahrnehmen Natur schützen und bewahren | Bildbetrachtung; Sinneseindrücke versprachlichen; zu einem appellativen Text Meinungen äußern, begründen und vertreten; Blumennamen erklären; ein Bild deuten und über seine Botschaft sprechen | Plakate gestalten; einen Text mit Bilderrätseln malen und gestalten; Gestaltungsaufgabe: Pflanzenarche | Texte für ein Naturschutz-plakat schreiben; einen angefangenen Text fortsetzen; ein Märchen fortsetzen; einen Text vom Sommergarten schreiben | Adjektivbildung mit den nachgestellten Wortbau-steinen ig-, -lich, -sam, -bar, -isch, -los; Bildung von Substantiven mit den nachgestellten Wort-bausteinen -ung, -heit, -keit, -nis; Wortsammlung zum Sach-feld „Sommergarten"; Erweiterung von Sätzen; Orts- und Zeitangaben | Kleinschreibung von Adjektiven mit -ig, -lich, -sam, -bar, -isch, -los; Großschreibung von Substantiven mit -ung, -heit, -keit, -nis; Übung eines Wortschatzes im Sinnzusammenhang |
| **Wie die Ritter lebten** S. 76–81 Leben in einer mittelalter-lichen Burganlage Ritterfest Tischsitten damals und heute Burgerkundung | Ein Sachfeld begrifflich ordnen; Informationen aus Bildern entnehmen und darüber sprechen; Personen benennen und beschreiben; Pantomime; szenisches Spiel; Verhaltensformen vergleichen; über Regeln nachdenken; ein Lied weiterdichten; eine Erkundung vorbereiten | Gestaltungsaufgabe: einfache Verkleidungen für ein szenisches Spiel; Tischregeln schreiben und gestalten; Liedtext und Begleitmusik; ein Aufgabenheft für eine Burgerkundung anlegen und vervielfältigen | Nach Stichwörtern einen Sachtext schreiben; Rollentexte schreiben; Liedverse reimen und aufschreiben; Reizwortgeschichte; Erkundungsaufträge in Aufforderungs- und Frageform | Artikel; Aufforderungen, Anweisungen, Bitten und Befehle; Aufforderungssätze; Zukunftsformen des Verbs; lautmalende Verben für gruselige Geräusche | Diktat üben (83 Wörter); Übung eines Wortschatzes im Sinnzusammenhang |

| Projekt / Seiten | Sprechen | Gestalten | Texte schreiben | Sprache untersuchen | Richtig schreiben |
|---|---|---|---|---|---|
| **Klassenzeitung** S. 82–83 Projekt: Planung und Herstellung einer Klassenzeitung | Aus einem Schaubild die Arbeitsschritte entnehmen und darüber sprechen; Planungsgespräche führen | Herstellung einer Klassenzeitung in arbeitsteiliger Gruppenarbeit | Texte schreiben, zusammenstellen, illustrieren, vervielfältigen, binden | Ein Sachfeld begrifflich ordnen | Sorgfältige Korrektur von Texten |
| **Medien** S. 84–85 Moderne Informations- und Unterhaltungsmedien Medien in der Schule | Über die Bedeutung von Medien sprechen; über die Nutzung von Medien sprechen | Informationen und Berichte mediengerecht gestalten | Etwas schriftlich begründen; Ergebnisse notieren; Informationen und Berichte schreiben | Unterschiedliche Medien erfordern unterschiedliche Sprachformen | Diktat üben (91 Wörter) |
| **Abenteuer** S. 86–87 Robinson | Ein abenteuerliches Leben nachempfinden und darüber sprechen | Ein Robinson-Tagebuch schreiben und gestalten | Sachnotizen; Tagebucheinträge; Beschreibung | Orts- und Zeitangaben; Frageprobe | |
| **Unterwegs** S. 88–91 Von fahrenden Gesellen und Scholaren Landschaftliche Besonderheiten des Heimatraumes Leben in anderen Ländern Kleinprojekt: Fest mit Liedern, Tänzen und Leckereien aus verschiedenen Ländern | Wortbedeutungen erklären; Informationen zur Geschichte des Heimatraumes sammeln und weitergeben; Kurzvortrag; von europäischen Ländern erzählen; Landschaften, Personen, Trachten und Instrumente genau beschreiben | Einen Sachtext abschreiben und wichtige Stichwörter hervorheben; einen Sachtext illustrieren; eine Liedsammlung anlegen | Eine Geschichte zur Wortfamilie „fahren" erfinden; Stichwörter zur Geschichte des Heimatraumes notieren; sich in Gedanken in ein anderes Land versetzen und darüber schreiben | Bedeutungswandel eines Wortes; Wortfamilie fahr/fähr, fuhr/führ | Beachtung der Stammschreibweise bei verwandten Wörtern |
| **Europaprojekt** S. 92–93 | Planungsgespräche; Aufgabenverteilung; Arbeitsorganisation | Produktive Gestaltungsaufgaben: Flaggen aus Filz; Europapuzzle; Collage aus europäischen Bauwerken; Spiel des Wissens; Europakartenspiel zu europäischen Märchen und Kinderbüchern; Kartei mit europäischen Speisen und Getränken | Rezepte für Speisen aus europäischen Ländern | Namen und Begriffe sachdienlich verwenden | Sorgfältige Korrektur aller Textelemente bei selbst hergestellten Spiele |

# Rechtschreibteil: Richtig schreiben üben

# Arbeit mit der Wörterliste

# Verfasser- und Textquellenverzeichnis

6 *Old Macdonald had a farm.*
Text und Melodie aus England. Englisches Volksgut.

25 *Ob du rund bist/Ob du schmal bist.*
Nach: Joachim Schmahl/Jürgen Tamchina. Aus: Fernsehreihe des ZDF: Die Rappelkiste (Vom Anderswerden und Sobleiben).
*Baumann, Hans:* Kinderhände.
Aus: Eins zu null für uns Kinder. München: dtv junior 1975.

31 *Ungenannter Verfasser:* Igel – Lexikonartikel.
Aus: Das große farbige Tierlexikon. Hrsg. v. Maurice Burton. Hamburg: Olde Hansen o. J. S. 143.

33 *Lagerlöf, Selma:* Samstag, 1. Oktober.
Aus: Nils Holgerssons schönste Abenteuer mit den Wildgänsen. Aus dem Schwedischen von Pauline Klaiber-Gottschau. Sonderausgabe. Frankfurt a. M./Berlin: Ullstein 1992. S. 228 (leicht geändert).

34 *Guggenmos, Josef:* Meine Bücher.
Aus: Guggenmos, Josef: Das kunterbunte Kinderbuch. Freiburg/Br.: Herder 1962. S. 63.
*Krüss, James:* Das Lesen.
Aus: Krüss, James: Der Zauberer Korinthe. Hamburg: Friedrich Oetinger 1982. S. 8.
*Lindgren, Astrid:* Das grenzenloseste Abenteuer.
Aus: ZEITMagazin Nr. 40 v. 25. September 1992. S. 3.

39 *Guggenmos, Josef:* Der Regenbogen.
Aus: Guggenmos, Josef: Was denkt die Maus am Donnerstag? Recklinghausen: Georg Bitter Verlag 1968. S. 47.

41 *Krüss, James:* Liebe Klasse 2 b.
Mit freundlicher Genehmigung des Autors.
*Auszug aus dem Klappentext.*
Paul Maar: Lippels Traum. Hamburg: Friedrich Oetinger 1984. S. 5.

44 *Longardt, Wolfgang:* Tragt in die Welt nun ein Licht (Text und Melodie). Eigentum des Verlages Ernst Kaufmann, Lahr. 1.–3. Strophe.

57 *Lionni, Leo:* Frederick, der Mäusepoet.
Aus: Lionni, Leo: Frederick nacherzählt. Köln: Middelhauve 1969, o. S.
*Lionni, Leo:* Vier kleine Feldmäuse.
Aus: Lionni, Leo: Frederick. Köln: Middelhauve 1967. o.S.

67 *ALIKI:* Dein Gewissen sagt: TU'S NICHT! (Originalüberschrift: Der Papierdrachen).
Aus: ALIKI: Gefühle sind wie Farben. Aus dem Amerikanischen von Susanne Härtel. © 1987 Beltz Verlag, Weinheim/Basel. Programm Beltz & Gelberg, Weinheim. S. 31.

69 *Ludwig, Volker/Birgit Heymann:* Wir sind Kinder einer Erde (Text und Melodie).
Aus: Das Grips-Liederbuch. München: Ellermann 1978.

79 *Kein edler Mann . . .*
Aus: Monschauer, Winfried: Ritter und Burgen. Berlin: Cornelsen 1989. S. 13.

80 *Zeuch, Christa:* Die Gräfin Adelett (Text und Melodie). (Originalüberschrift: Der überaus schaurige Song vom Schloß Gurgelstein.)
Aus: Zeuch, Christa: Lisa Lolle Lachmusik. Würzburg: Arena 1987. S. 118.

86 *Defoe, Daniel:* Vor mir lag ein Leben (leicht geändert).
Aus: Defoe, Daniel: Robinson Crusoe. Hrsg., ins Deutsche übertragen und mit einem Nachwort versehen von Walter Scherf. Bindlach: Loewes 1973. S. 48.

# Bildquellenverzeichnis

Titelabbildung: Bernd Schuster, Bad Münder.

5 Foto: Michael Frühsorge, Hannover.

6 Fotos: Förderverein Aktiv-Spielplatz Musberg. Mit freundlicher Genehmigung.

6 Foto Zelten: Michael Frühsorge, Hannover.

18 Schülerillustration.

35 Foto: Michael Frühsorge, Hannover.

38 Foto von Josef Guggenmos. Mit freundlicher Genehmigung des Autors.

41 Brief von James Krüss. Mit freundlicher Genehmigung des Autors.

42 Foto Winterlandschaft: Archiv Schroedel Schulbuchverlag, Hannover.

47 Illustrationen Weihnachtswichtel: Archiv Schroedel Schulbuchverlag, Hannover.

58 Foto: Michael Frühsorge, Hannover.

59 Foto: Hans-Gerd Heinen, Leinfelden-Echterdingen.

60 Fotos aus: Kein Abschluß ohne Anschluß. Eine Jahresinformation der Reihe „Dokumentation Bildung" Nr. 3/1992. Hrsg. vom Ministerium für Kultus und Sport, Baden-Württemberg.

62 Bild: Heike Steinmüller, Stuttgart.

66 Illustration Gefühle (Ausschnitt): Aus: ALIKI: Gefühle sind wie Farben. Aus dem Amerikanischen von Susanne Härtel. © 1987 Beltz Verlag, Weinheim/Basel. Programm Beltz & Gelberg, Weinheim. S. 31.

67 Illustration zu: Dein Gewissen sagt: TU'S NICHT! (Originalüberschrift: Der Papierdrachen). Aus: ALIKI: Gefühle sind wie Farben. A. a. O. S. 12.

68 Fotos Mädchen/Junge: Eberhard Kanzler, Sindelfingen.

71 Illustration von Florian Vollmer, Rottenburg-Wendelsheim.

72 Claude Monet: Der Weg im Garten von Giverny. Öl auf Leinwand. Musée d'Orsay, Paris. Artothek Art Library. © DACS 1987.

75 Titelillustration Arche aus: Die Wolkenreise. Ein Bilderbuch von Sis Koch zu einer Geschichte von Sigrid Heuck. Stuttgart/Wien: Thienemanns 1989.

76 Ritterburg (Begriffe leicht ergänzt). Aus: Barbara Wolffhardt. Kinder entdecken das Museum. Betrachten und Selbermachen. München: Kösel 1983. S. 92.

81 Foto Schloß Lichtenstein: Stadt Reutlingen, Fremdenverkehrsamt.

86 Titelillustration Robinson Crusoe. Aus: Daniel Defoe. Illustration von Józef Wilkon. Bindlach: Loewes 1973.

89 Foto: Bärenhöhle. Stalaktiten – Stalagmiten. Touristik-Gemeinschaft Schwäbische Alb, Tübingen.
Foto: Landschaftsaufnahme des Riesenkraters Nördlinger Ries. Riesenkrater Museum der Großen Kreisstadt Nördlingen. Bildbeschreibung: Blick vom Holheim über den Adlersberg (Vordergrund) zum östlichen Kraterrand bei Emding.
Satelliten-Aufnahme: Bodensee. © Aufnahme von Landsat 5. Datenquelle: European Space, Agency Paris. Bildverarbeitung: Fachgruppe Bildwissenschaft ETH, Zürich.

90 Foto: Esel. Fotograf: Oster. ZEFA, Düsseldorf.
Foto: Shetlandponys. Fotograf: Schimmelpfennig. ZEFA, Düsseldorf.
Foto: Schweizer Bergrinder: Fotograf: Messerschmidt. ZEFA, Düsseldorf.
Foto: Griechischer Tempel. Fotograf: H. Schwarz. MAURITIUS, Mittenwald.

91 Foto: Schotte. Fotograf: Craddock. ZEFA, Düsseldorf.
Foto: Spanisches Paar. Fotograf: H. Blume. MAURITIUS, Mittenwald.
Foto: Russischer Tänzer. Fotograf: A. Thill. ZEFA, Düsseldorf.
Foto: Türkischer Tänzer. Archiv Schroedel Schulbuchverlag, Hannover.
Abbildungen Schottland/Schottenmuster. Archiv Schroedel Schulbuchverlag, Hannover.

92 Europabild, gemalt von Heinz Sedlich, Bad Camberg.

112 Foto: Michael Frühsorge, Hannover.